Robert Gordian

Xanthippe

Die Frau des Sokrates

Sehr verehrte Leserin, sehr verehrter Leser,

unsere Welt wird immer schnelllebiger, unser Alltag immer hektischer. Gerade deshalb sind die schönen, unbeschwerten Momente, in denen wir innehalten und uns zurücklehnen, so kostbar.

Ich persönlich greife in solchen Momenten gerne zu einem guten Buch. Eine spannende und unterhaltsame Geschichte hilft mir, schnell abzuschalten. Beim Lesen vergesse ich die Sorgen des Alltags.

Doch manchmal ist es gar nicht so einfach, ein gutes Buch zu finden. Dabei gibt es so viele Autorinnen und Autoren, die mit ihren Geschichten die Leser in ihren Bann ziehen. Solche Highlights der Unterhaltungsliteratur bringt jetzt die vielseitige UNIVERSO-Taschenbuchreihe zusammen. Die von uns sorgfältig ausgewählten Bücher reichen von frechen Frauenromanen über spannende Krimis bis hin zu großen Liebesgeschichten und historischen Romanen.

Die kleine, aber feine UNIVERSO-Auswahl möchten wir gerne auch mit Ihnen teilen. Mir bleibt nur, Ihnen viel Spaß und Entspannung beim Lesen und Träumen zu wünschen.

Herzlichst
Ihr

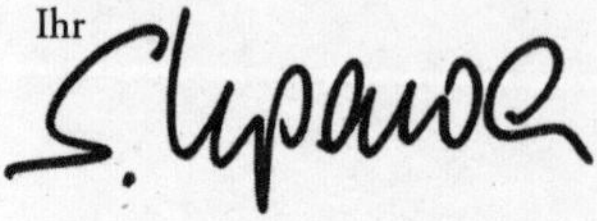

Siegfried Lapawa
Verleger Karl Müller Verlag

Robert Gordian

Xanthippe
Die Frau des Sokrates

Roman

UNIVERSO

Über den Autor

Robert Gordian, geboren 1938 in Oebisfelde, studierte Journalistik und Geschichte und arbeitete als Fernsehredakteur, Theaterdramaturg, Hörspiel- und TV-Autor, vorwiegend mit historischen Themen. Seit den neunziger Jahren verfasst er historische Romane und Erzählungen. Robert Gordian lebt in Eichwalde, einem Vorort Berlins.

Genehmigte Lizenzausgabe
Karl Müller Verlag – SILAG Media AG,
Liebigstr. 1–9, 40764 Langenfeld

Titelbildgestaltung: Nele Schütz Design, München
Umschlaggestaltung: SILAG Media AG, 2014

PEFC
PEFC/32-31-039
PEFC zertifiziert
Dieses Produkt stammt aus nachhaltig bewirtschafteten Wäldern und kontrollierten Quellen
www.pefc.de

Dieses Buch wurde auf Pamo Classic von Arctic Paper gedruckt.

ISBN-Nr. 978-3-95674-178-4
Printed in EU 2014

Wie kommt es nun, Sokrates, sagte Antisthenes, dass du dich mit einer Frau behilfst, die unter allen Lebenden, ja nach meiner Meinung unter allen, die jemals gelebt haben und künftig leben werden, die unerträglichste ist.

Das geschieht aus derselben Ursache, erwiderte Sokrates, warum diejenigen, die gute Reiter werden wollen, sich nicht die sanftesten und lenksamsten Pferde, sondern lieber wilde und unbändige anschaffen. Denn sie denken, wenn sie diese im Zaum zu halten vermöchten, werde es ihnen ein Leichtes sein, mit allen anderen fertig zu werden. Gerade so machte ich es auch, da ich die Kunst, mit den Menschen umzugehen, zu meinem Hauptgeschäft machen wollte: Ich legte mir diese Frau zu, da ich gewiss war, wenn ich die ertragen könnte, würde ich mich leicht in alle anderen Menschen hineinfinden.

Xenophon, SYMPOSION

Kapitel 1

Über Sokrates haben schon viele geschrieben. Seine Freunde und ehemaligen Schüler sind eifrig und mit Erfolg bemüht, ihm ein Nachleben zu verschaffen, nachdem seine Mitbürger ihn auf so elende Weise in den Tod geschickt haben. Vor allem Platon hat große Verdienste, aber auch Xenophon, der jetzt zwar in der Verbannung lebt, dessen Werke hier in Athen dennoch verbreitet werden, wenn auch unter der Hand. Eukleides, Antisthenes und Aristippos haben ebenfalls Schriften über Sokrates herausgegeben. Mit einem Wort: Gelehrte und Schriftsteller nehmen sich seiner an. Das Andenken dieses bedeutenden Mannes ist damit gesichert. Was könnte ich, der einfache Schuster Simon, dem noch hinzufügen?

Nun, auch ich habe Erinnerungen an Sokrates, und manches habe ich mit ihm erlebt, was vielleicht der Mitteilung wert ist. Immerhin war ich mein Lebtag sein Nachbar, nur eine schmale Mauer aus Lehmziegeln trennte sein Anwesen von dem meinigen. Sein häusliches Leben spielte sich gewissermaßen unter meinen Augen ab – oder besser sollte ich sagen: vor meinen Ohren. Denn wenn ich auch aus Anstand vermied, meine Nachbarn zu beobachten, so konnte ich sie doch kaum überhören. Bei solcher Nähe bekommt man nun einmal einiges mit, ob man will oder nicht, zumal sich Sokrates und seine Frau Xanthippe wenig Mühe gaben, ihr Familienleben gegen die Außenwelt abzuschirmen. Im Gegenteil, sie legten sich keinen

Zwang an und nahmen nicht die geringste Rücksicht auf andere. Das war bisweilen recht lästig, und es gab auch Verstimmungen zwischen uns, doch nur selten. Im Allgemeinen hatten wir gute nachbarschaftliche, ja freundschaftliche Beziehungen. Ich kann sogar sagen, dass Sokrates, der viele Freunde hatte, mich besonders auszeichnete, indem er mich zu seinem Vertrauten machte. Und auch mit Xanthippe kam ich schließlich gut aus – anders als meine Frau Politta, die sie nie so recht ausstehen konnte. Manchen kleinen Dienst habe ich ihr erwiesen, auch noch nach dem Tode ihres Mannes, bevor sie mit ihrem jüngsten Sohn fortzog. Doch davon später.

Ehe ich fortfahre mit meinen Erinnerungen an Sokrates und seine Frau, will ich noch einmal betonen, dass ich mich als Erzähler natürlich nicht mit den berühmten Schülern des Sokrates messen kann. Anmaßend wäre es auch, wollte ich mich in den Philosophenstreit einmischen, der schon um sein geistiges Erbe entbrannt ist. Sokrates hat ja nichts Schriftliches hinterlassen, absolut gar nichts, und ein jeder nimmt sich von ihm, was in sein eigenes Denkgebäude hineinpasst. Manches ist nun schon im Umlauf, was der Meister, glaube ich, nie so gedacht und gesagt hat, aber dazu werde ich lieber schweigen. Wozu soll ich Unberufener den Zorn der Philosophen auf mich lenken, ich würde ja doch den Kürzeren ziehen! Und natürlich war ich auch nur selten dabei, wenn Sokrates, umgeben vom Schwarm seiner Schüler, auf dem Markt oder anderswo, seine ebenso berühmten wie berüchtigten Gespräche führte. Als Handwerker, der den Lebensunterhalt für seine Familie verdienen musste, konnte ich mir selbstverständlich nicht leisten, dort mit herumzustehen und zuzuhören. Die meiste Zeit, Jahr für Jahr, verbrachte ich in meiner Werkstatt an der schon erwähnten Mauer zum Nachbargrundstück. Und wenn ich zum Markt ging, hielt ich mich an meinem Stand auf, wo ich Schuhwerk ausbesserte oder den Leuten neues anmaß. Nur was ich von dort aus sah und erlebte, kann ich mitteilen.

Zum Glück habe ich jetzt ausreichend Muße dazu. Mein Enkel hat die Werkstatt übernommen, und so kann ich mich auf meine alten Tage mit Lesen und Schreiben beschäftigen. Schon immer tat ich das gern, wenn ich Zeit fand. Früher verfasste ich auch Gedichte, besonders zu festlichen Gelegenheiten. Manchmal zeigte ich sie Sokrates, bevor ich sie in einem größeren Kreise vortrug. Und ich schmeichle mir, dass er sie meistens lobte.

Von Xanthippe kann ich das nicht behaupten. Meine Gedichte gefielen ihr selten, und sie sparte nicht mit ihrem Tadel. Noch heute habe ich das Spottgelächter im Ohr, das sie ausstieß, als ich die Jubelverse zu ihrer Hochzeit mit Sokrates vortrug. Gewiss, ein Anakreon oder ein Pindar bin ich nicht. Aber musste sie mich gleich so blamieren? Wie gekränkt war ich damals! Und wenn auch Sokrates durch ein dickes Lob alles wieder gutmachen wollte, war mir die Feststimmung verdorben. Übrigens war das meine erste Begegnung mit Xanthippe, ich hatte sie zuvor nur wenige Male irgendwo gesehen. Eine Unbekannte war sie mir allerdings nicht.

Schon der Jungfrau Xanthippe ging der Ruf voraus, den sie als Ehefrau, und als solche erst recht, nicht mehr loswerden sollte: dass sie streitsüchtig, schwierig, unleidlich sei. Man erzählte auch manche Geschichte von ihr, und bei unseren Symposien, in feuchtfröhlicher Männerrunde, war sie immer mal wieder Gegenstand deftiger Scherze.

Sie stammte aus einer aristokratischen, wenn auch nicht mehr sehr angesehenen Familie. Ihr Vater Neokles hatte ein Landgut besessen, dieses aber heruntergewirtschaftet, bevor er durch den Krieg völlig ruiniert wurde. Als die Spartaner in Attika eindrangen, hatten die Leute vom Lande sich hinter die Mauern der Stadt geflüchtet, und Neokles war mit seiner Familie bei Verwandten untergekrochen. Sein Bruder starb bald darauf an der Pest, und so blieb er in dessen Haus in Athen, selbst als die Gefahr vorüber war. Was sollte er auch noch auf dem Lande, nachdem die Spartaner seine ohnehin schlecht gepflegten Weinberge verwüstet und seine dürren Olivenhaine abgeholzt hatten! Er lebte nun von irgendwelchen Geschäften, nicht immer sauberen, wie man hörte. Vor allem aber versuchte er, seine beiden Töchter an den Mann zu bringen und sich mit reichen, vornehmen Familien zu verbinden. Dabei war ihm allerdings wenig Erfolg beschieden.

Für die Ältere, Leukippe, fand er zwar einen Aristokraten, doch viel gewann er nicht mit diesem Schwiegersohn. Der hatte sein Erbe schon fast verjubelt und den Rest gab er für seine Pferdeleidenschaft aus. Schließlich war er bei allen Wechslern der Stadt verschuldet.

Mit der Jüngeren, Xanthippe, ging es erst recht nicht gut. Weil sie ein auffallend hübsches Mädchen war, versuchte Neokles, den Neffen unseres damaligen Staatslenkers, des unvergessenen Perikles, für sie zu interessieren. Immer wieder lud er diesen Alkibiades, mit dem wir Athener später noch manches erleben sollten, zu sich ins Haus ein. Er war – wie es Aisopos in seiner Fabel schildert – der Bauer, der eine Schlange am Busen nährt. Der Leichtfuß kostete nämlich von dem so freigebig dargebotenen Leckerbissen, doch es fiel ihm nicht ein, mit Xanthippe Ernst zu machen. Und als er auch noch mit seiner Eroberung prahlte, war der gute Ruf der Schönen rettungslos verloren.

Schließlich kam es sogar noch schlimmer. Xanthippe, die die ewigen Vorwürfe dieser Geschichte wegen bald satt bekam, konnte ihr wildes Temperament nicht zügeln und überwarf sich mit ihren Eltern. Einige wollten sogar wissen, sie hätte sich mit ihnen geprügelt. Darauf bestieg sie einen Esel und verschwand eine Weile aus der Stadt. Wie es hieß, kehrte sie auf das Gut zurück, wo aber damals noch die Feinde lagen. Was sie dort trieb, wusste niemand, und hinauszugehen, um sie zurückzuholen, wagte weder ihr Vater noch ein anderer ihrer Verwandten. Nach zwei Monaten war sie wieder da, und nun hieß es natürlich: Spartanerflittchen! Sie jetzt noch an den Mann zu bringen, war so unmöglich wie eine Kuh auf das Dach des Parthenons.

Die Angelegenheit war damals Stadtgespräch, wenn auch nur für kurze Zeit. Uns Athener plagten so viele

Sorgen, dass uns die Abenteuer eines ungebärdigen Mädchens kaum noch aufregten. Erst als, nachdem die Seuche abgeklungen war und der Krieg sich auf andere Schauplätze verlagert hatte, das Leben wieder in ruhigen Bahnen verlief, hörte ich erneut von Neokles und seiner Tochter Xanthippe. Der Alte wurde mit einer Gruppe von Gaunern, die durch Getreideschiebereien Gewinn machen wollten, vor Gericht gestellt. Er konnte sich gerade noch so herauswinden. Und die Tochter sorgte auf ihre Weise immer mal wieder für Gerede und Aufsehen.

So mischte sie sich bei den Großen Panathenäen, dem Hauptfest der Athener zu Ehren der Stadtgöttin Athena, unter die Jungfrauen aus vornehmen Familien, die im Festzug auf ihren Köpfen die Körbe mit Opfergeräten trugen. Da sie dazu jedoch aus begreiflichen Gründen nicht auserwählt war, gab es Proteste seitens der anderen Mädchen sowie auch vieler empörter Bürger. Anfangs ließ sie sich nicht beeindrucken, sondern schritt schweigend, stolz und erhobenen Hauptes, ihre Last auf dem Scheitel balancierend, im Festzug. Als aber das Gefauche und Gezisch um sie herum nicht verstummen wollte, blieb sie auf einmal stehen, nahm den Korb herunter, ergriff eine lange silberne Opfergabel und schrie, sie werde der ersten Besten, die noch ein böses Wort zu ihr sage, die Zinken in den Leib rennen. Darauf stoben die Mädchen, die in ihrer Nähe gingen, kreischend auseinander, wobei mehrere ihre Körbe verloren und die kostbaren Gegenstände in den Straßenstaub fielen. Der Festzug stockte, und in dem Durcheinander, das nun entstand, kam manches wertvolle Stück abhanden.

Ganz Übelwollende behaupteten später, dass dieser ganze Auftritt geplant war, damit ein paar Langfinger, die für Neokles arbeiteten, unbemerkt zufassen konnten. Aber das ließ sich nicht beweisen. Ich selbst war damals im Festzug unter den Hopliten, den Fußkämpfern, die gleich hinter den vornehmen Jungfrauen gingen. Erst als einige aus unserer Mannschaft Xanthippe gepackt und die sich heftig Sträubende fortgebracht hatten, konnte der Festzug fortgesetzt werden.

Ich erinnere mich auch, dass sie sich einmal im Theater unangenehm bemerkbar machte. Da saß sie frech unter den Ehefrauen und schaute dem „Hippolitos" zu, einem Werk des Euripides. Die Tragödie gefiel ihr nicht, sie fand die weibliche Hauptfigur, Phaidra, hätte nicht erst im Tode, sondern bereits im Leben für ihre verschmähte Liebe Rache nehmen sollen. Sie meinte auch, es sei lächerlich, sich eines Mannes wegen aufzuhängen. Dies tat sie durch Zwischenrufe kund, die die Aufführung störten. Und nach der Vorstellung sah man dann, wie sie sich an den Dichter heranmachte und leidenschaftlich auf Euripides einsprach. Seine Freunde, darunter Sokrates, mussten ihn in die Mitte nehmen, und ihn vor ihr in Sicherheit bringen.

Auch bei den Oschophorien, dem Herbstfest zu Ehren unseres Weingottes Dionysos, erregte sie einmal Aufsehen. Das war gegen Ende des unglücklichen Kriegsjahrs, als wir Athener die Niederlagen von Delion und Amphipolis erlitten. Gefeiert wurde trotzdem. Doch für die athletischen Wettkämpfe im

Stadion meldeten sich damals nur wenige, weil eine große Anzahl junger Männer, die sonst daran teilgenommen hätten, gefallen oder verwundet war. Da erschien plötzlich Xanthippe, bekleidet mit einem kurzen Chiton, wie ihn die Spartanerinnen, die man bei uns spöttisch die „Schenkelzeigenden" nennt, bei ihren sportlichen Übungen tragen. In diesem Aufzug meldete sie sich für den Stadionlauf. Natürlich wurde sie abgewiesen. Streng rügten die Festordner ihre Kleidung. Außerdem hielten sie ihr vor, dass sie die Sitten der Feinde einführen wollte. Aber da kamen sie gut an! Sie stemmte die Fäuste in die Seiten und hielt ihnen einen Vortrag, dass ihnen die Sprache wegblieb. Was denn schlecht daran sei, wenn in Sparta die Frauen und Mädchen ins Gymnasion gingen und Sport trieben. Gesunde Weiber brächten gesunde Söhne zur Welt, aus denen mal kräftige Kämpfer würden – nicht solche Schlappschwänze wie die Athener, die eine Schlacht nach der anderen verlören. Und noch mehr solche Sachen sagte sie. Natürlich erhob sich ringsum Protest, das ganze Stadion hörte ja zu. Als aber die Ordner sie ergreifen wollten, lief sie ihnen davon und durchmaß ganz allein auf ihren langen Beinen die Laufbahn – wahrhaftig wie ein Olympiasieger. Von vielen bekam sie sogar Beifall.

Ihr Vater wurde jedoch vor unseren obersten Ratsherrn, den Archon Eponymos, befohlen, streng ermahnt und vor die Wahl gestellt, entweder seine Tochter künftig zu zügeln oder sich darauf gefasst zu machen, mit ihr aus Athen vertrieben zu werden.

Eine Weile half das, doch nicht sehr lange. Bald

hörte man Neues von Xanthippe, und jedes Mal war es wieder etwas, das die einen empörte, die anderen erheiterte. Ich will mich aber auf das Erzählte beschränken, weil ich es miterlebt habe. Noch manches andere erfuhr ich auf den Symposien oder es wurde mir von Kunden berichtet.

Zurückkommen will ich nun wieder auf Sokrates und wie es geschah, dass er den verrückten Einfall hatte, ausgerechnet diese Xanthippe zu heiraten.

Kapitel 2

Sokrates war schon fünfzig Jahre alt und seine Lebensweise denkbar ungewöhnlich.

Noch immer wohnte er in dem Haus, in dem er geboren war und in dem seine Eltern vor längerer Zeit schon gestorben waren. Hier übte er auch das Handwerk seines Vaters aus und ernährte sich schlecht und recht als Steinmetz und Bildhauer. Das war damals in Athen ein angesehener und einträglicher Beruf, und wer seine Sache verstand, konnte es darin leicht zu Wohlstand bringen. Zwar waren die ganz großen Zeiten vorbei, als Perikles auf der Akropolis die berühmten Prachtbauten errichten ließ und dazu ganze Heerscharen bildender Künstler beschäftigte. Aber es gab noch genug zu tun, weil viele reiche Leute ihre Häuser mit Säulen, Statuen und Altären schmückten. Und schließlich sorgten der Krieg und die Pest für regen Bedarf an Stelen und Grabplatten. Manche gaben für Grabmäler ein Vermögen aus, und wer seinem lieben Verstorbenen auf dem Friedhof einen Tempel errichten wollte, kümmerte sich nicht um das Gesetz, es dürfe kein Grabmal so groß und kostspielig angelegt sein, dass nicht zehn Arbeiter in drei Tagen mit seiner Errichtung fertig würden. Geschickte Meister, die sich solche Aufträge zu verschaffen wussten, hatten mit ihren Gehilfen monatelang zu tun. Doch brauchten sie dazu nicht nur besondere Kunstfertigkeit, sondern auch gesunden Geschäftssinn. An beidem mangelte es Sokrates.

Ich will nicht behaupten, dass er ein Stümper

war. In seiner besten Zeit, in noch jungen Jahren soll er sogar an einer Gruppe von Grazien, die als Bildleiste den Aufgang zur Akropolis zieren, mitgearbeitet haben. Das Handwerk hatte er, wie es sich gehörte, von seinem Vater Sophroniskos gelernt, an den ich mich auch noch gut erinnern kann. Das war ein biederer Kerl, doch ein Grobian, der bei seinen Unterweisungen in der Kunst, Hammer und Meißel zu führen, nicht mit Ohrfeigen sparte. Sokrates war längst erwachsen, als wir es hinter der Mauer immer noch klatschen hörten. Mein Vater, damals auch noch am Leben, sah dann von seiner Arbeit auf, lauschte mit zufriedenem Grinsen und brummte: „Jetzt gibt er es ihm wieder, dem Bummelanten, dem Tagedieb. Schlag zu, Sophroniskos! Recht so! Hau ihn!"

Ich stimmte dem zwar nicht bei, doch muss ich sagen, mein Alter benannte damit auf seine unverblümte Art die Ursache dafür, dass Sokrates in seinem Beruf nicht vorankam. Er mochte Talent haben und seine Ausbildung war gewiss nicht die schlechteste – aber er hatte keine Lust! Das Behauen von Steinen langweilte ihn, ihm fehlten dazu der Fleiß und die Ausdauer. Er fing etwas an und ließ es liegen. Tagelang würdigte er es keines Blickes. Seit dem Tode des Sophroniskos füllten sich der Hof und die Werkstatt mit Unfertigem. Da stand ein Pfeiler mit angefangener, doch nicht vollendeter Kannelierung, daneben ein Weihrelief mit einer noch kaum erkennbaren Göttergestalt, hier ein Löwe ohne Mähne und Maul, der ein Wasserspeier werden sollte, dort eine Kore ohne Hals und Arme.

Solange der alte lydische Sklave, der schon Sophroniskos gedient hatte, am Leben war, werkelte nebenan wenigstens einer noch müde und mürrisch herum. Doch als der starb, erlosch mit ihm der letzte Funke von Arbeitseifer in dieser Werkstatt. Die Steine, lauter Torsos und roh behauene Blöcke, lagen traurig herum und schienen zu fragen, was nun aus ihnen werden sollte. Und wo war ihr Meister?

Er war überall. Ich erwähnte es schon. Auf dem Markt, im Gymnasion, in der Palästra, im Hafen, am Fluss, auf der Burg, in einem Laden oder in einer Werkstatt des Töpferviertels.

Es gab keinen Ort in Athen, wo man Sokrates nicht begegnen konnte. Und immer war er von diesen meist jüngeren Leuten umschwirrt, die teils wissbegierig, teils belustigt an seinem Munde hingen. Und von zahlreichen anderen, die in der Nähe waren und zufällig Zeit hatten, stehen zu bleiben und zuzuhören.

Der Ablauf war fast immer derselbe. Sokrates sprach jemanden an, ob er ihn schon kannte oder noch nicht, und nahm ihn sich vor. Dabei spielte er gewöhnlich den Unwissenden und tat so, als wollte er etwas lernen. Der andere fühlte sich überlegen, gab Auskunft und ließ sich gründlich ausforschen. Dabei deckte er infolge der geschickten Befragung nach und nach seine Schwächen auf und am Ende kam oft heraus, dass er ein ziemlich hohles Gefäß war und noch eine Menge dazulernen musste. Den Zuhörern machte das Spaß, den auf diese Art Bloßgestellten meist weniger. Mancher lief wütend davon, wobei er Flüche und Drohungen gegen Sokrates ausstieß. Aber den focht das nicht an. Unbeirrt ging er auf den Nächsten zu. Er war nun einmal fest überzeugt, dass er die Menschen besser machen, sie sozusagen veredeln könnte, indem er geduldig die echten Werte, die seiner Meinung nach in jedem schlummerten, aus der Tiefe der Seele ans Tageslicht brachte.

Ein gefährlicher Irrtum, wie sich später herausstellen sollte.

Ich gebe zu, man konnte ihm wohlgesinnt sein und dennoch manchmal denken: ein heilloser Schwätzer! Ein Redner war er nicht, längere Ausführungen vermied er. Als munterer Plauderer, bohrender Fragesteller und unermüdlicher Streithahn war er hingegen ein Naturereignis. Auf diesem Gebiet war ihm niemand gewachsen, immer behielt er das letzte Wort. Schon als ganz junger Kerl, wenn er sich aus der Werkstatt seines Vaters davon stahl, lief er zu den Philosophen und Naturwissenschaftlern, hörte sich ihre Vorträge an und überhäufte sie, kaum dass sie geendet hatten, mit seinen Fragen und Zweifeln. Manche Berühmtheit sah man in Schweiß ausbrechen, weil er sie unbarmherzig bedrängte. Sogar Anaxagoras und Archelaos, die damals bei uns in Athen ihre Lehren verbreiteten, mussten sich mühevoll seiner erwehren. Das waren nun aber bedeutende Denker … man kann sich vorstellen, wie es uns armen Durchschnittsmenschen erging, wenn es Sokrates einfiel, uns – wie er es nannte – zu „prüfen“. Im Laufe der Jahre hatte wohl jeder Athener, ob er nun wichtig war oder sich nur dafür hielt, eine solche Prüfung zu bestehen. Und dennoch: Sokrates war gleichermaßen beliebt wie gefürchtet.

Lange überwog die Beliebtheit, und es versteht sich, dass einer, der über eine so unterhaltsame Begabung verfügte, in jedem geselligen Kreis willkommen war. Fast täglich erhielt er eine Einladung. Irgendwo gab es immer etwas zu feiern. Dem einen war ein Knabe geboren, der andere hatte einen Prozess gewonnen, wieder ein anderer war in ein hohes Amt gewählt worden. Das war dann Anlass zu einem Symposion, einem Trinkgelage, dem natürlich ein tüchtiges Mahl vorausging. Der Gastgeber lud Verwandte, Freunde, Bekannte ein, manchmal Leute, denen er zufällig auf dem Markt begegnete. Und dort war ja Sokrates meistens anzutreffen.

Platon und Xenophon haben uns Symposien geschildert, bei denen er zugegen war. Im ersteren Fall war es der Dichter Agathon, der seinen Sieg im Tragödienwettbewerb feierte, im zweiten gab der schwerreiche Kallias das Festgelage für einen Knaben, in den er verliebt war und der gerade einen sportlichen Sieg errungen hatte. Es versteht sich, dass die Gäste dieser Symposien vor allem Leute von Rang und Stand oder Berühmtheiten waren. Die Gespräche, bei denen Sokrates Wortführer war, bewegten sich, wenn man den Autoren glauben darf, in philosophischen Wolken. Unsereins war da nicht geladen und hätte solchen Gedankenflügen nicht folgten können. Ich habe allerdings den Verdacht, dass die Verfasser, um die Symposien literaturfähig zu machen, manches hinzugedichtet haben, was kaum in einer Runde fröhlicher Zecher, selbst wenn sie aus lauter bedeutenden Köpfen bestand, so gedacht und gesagt wurde. Bei den Gelagen, an denen auch ich teilnahm und dabei Sokrates erlebte, ging es jedenfalls viel ungezwungener zu. Scherzworte flogen hin und her, wir vergnügten uns mit allerlei Spielen und Schabernack, und der weise Mann war gewöhnlich einer der Ausgelassensten.

Von einem solchen Gelage will ich berichten. Einer unserer Freunde, ein Goldschmied, hatte irgendetwas zu feiern und die ganze Nachbarschaft geladen. Zuerst unterhielten wir uns mit dem Kottabos-Spiel, was ja nicht gerade geistige Anstrengungen erfordert. Man spuckt einen Mundvoll gemischten Weins in hohem Bogen auf Schälchen, die in einer Wanne mit Wasser schwimmen. Wer die meisten versenkt, hat gewonnen. Als wir davon genug hatten, fing einer an, Kriegserlebnisse zu berichten. Da fühlte der Nächste sich bald herausgefordert, dann noch einer und noch einer, und alle prahlten mit ihren Heldentaten. Ich selbst gab auch etwas zum Besten und schilderte, wie ich einen Spartaner in die Flucht geschlagen hatte, vor dem in Wirklichkeit ich davongelaufen war. Wenn jeder ein Held ist, wer will da nicht mithalten!

Nur Sokrates, das sei zu seiner Ehre gesagt, schwieg gegen seine Gewohnheit beharrlich, und erst als keinem von uns mehr etwas einfiel, nahm er wieder das Wort und sagte: „Was ihr da erzählt, Freunde, ist ja wirklich sehr eindrucksvoll. Doch wenn ihr meine Meinung hören wollt, so sage ich euch, dass es im Krieg kein großes Kunststück ist, sich auszuzeichnen. Gewöhnlich bleibt einem nichts anderes übrig als dreinzuschlagen, schon aus der Notwendigkeit der

Selbsterhaltung. Viel schwerer ist es meines Erachtens, mitten im Frieden, unter ganz normalen Verhältnissen etwas Besonderes zu leisten. Ja, im friedlichen Alltag ist es viel seltener, dass eine mutige Tat vollbracht wird. Erstens mangelt es an Gelegenheit und zweitens ist es auch mit der Bereitschaft nicht so weit her. Mancher, der im Krieg als furchtloser Kämpfer hervortrat, ist mir sonst nur als Zauderer, Schleicher und Duckmäuser bekannt."

Da erhob sich natürlich Widerspruch. Obwohl Sokrates in gutmütig-spöttischem Ton gesprochen hatte, fühlten wir uns getroffen. Wir verstanden sehr gut, was er meinte. Er wollte sagen: Ich kenne euch Maulhelden gut, mir macht ihr nichts vor! Aber das konnten wir nicht hinnehmen.

So hieß es: Wer vollbringt eine ungewöhnliche Tat? Wer riskiert etwas? Wer bedeckt sich von heute auf morgen mit Ruhm? Wer findet im Alltag dazu die Gelegenheit? Uns alle packte das Wettkampffieber, ein Preis wurde ausgelobt: ein Mischkrug mit edelstem Wein aus Chios. Der wohlhabende Gastgeber wollte ihn spenden, weil die Ehre ja auch auf das Dach fiele, unter dem die Idee zu der glänzenden Tat geboren wurde. Es versteht sich, dass wir jetzt in unserem Ehrgeiz und Eifer vor nichts mehr zurückschreckten.

Einer erbot sich, einen berüchtigten Räuber zu fangen, der in den Vorstädten sein Unwesen trieb.

Ein anderer wollte den Hausbesitzer verprügeln, wenn er das nächste Mal seine Wuchermiete verlangte und drohte, die Tür auszuhängen.

Ohne Hilfsmittel traute sich einer zu, die steilste

Wand des Burgfelsens zu erklimmen.

Was ich selber als Mutprobe anbot, war auch nicht schlecht. Da ich mich für einen starken, gewandten Kerl hielt, wollte ich mich beim nächsten Kultfest mit den berufsmäßigen Pankratiasten messen.

Vollmundig machte sich einer nach dem anderen zu einem Nachfolger des Herakles.

Wieder schwieg Sokrates bis zuletzt. Als alle zu ihm hinsahen, seufzte er, zog die Stirn in Falten und sagte: „Da habe ich etwas Schönes angerichtet! Nun kann ich ja nicht als Einziger feige sein. Also gut, auch ich vollbringe eine mutige Tat. Ich werde heiraten!"

Die Verblüffung, die er mit dieser Mitteilung auslöste, ist wohl verständlich. Heiraten? Sokrates und eine Ehefrau – war das überhaupt vorstellbar? Wie sollte ein schlampiger, eigenwilliger Hagestolz in vorgeschrittenen Jahren noch eine Familie gründen? Sein Vorleben kannten wir alle. Früher hatte er sich, wie viele von uns, für Knaben und Jünglinge interessiert. Seine Erfahrungen mit Frauen dagegen beschränkten sich auf Hetären und Hafenhuren. Aber auch solche Bekanntschaften hatte er lange schon nicht mehr gesucht. Wie kam er aus heiterem Himmel auf die Idee, sich ein Weib zu nehmen?

Wir redeten alle durcheinander. Einige lachten, sie glaubten, dass Sokrates nur gescherzt hatte. Andere meinten, er wollte sich um den Wettbewerb drücken, den er selbst ausgelöst hatte. Denn eine Heirat war schließlich keine mutige Tat, jeder beliebige Trottel taugte zum Ehemann.

Thukles, der Goldschmied, unser Gastgeber, sagte

vorwurfsvoll: „Aber Sokrates, was redest du da? Halte dich bitte an die Spielregel. Versuche, die anderen zu übertreffen! Was soll denn das … heiraten? Schlag etwas anderes vor. Demnächst soll in der Stoa am Markt ein berühmter Gelehrter aus Samos sprechen. Tritt gegen ihn an, widerlege ihn! Das wäre ein kühnes Unternehmen."

„Meinst du?", erwiderte Sokrates. „Ich finde, das wäre zu leicht. So etwas habe ich ja schon oft gemacht, damit könnte ich keine Ehre mehr einlegen. Nein, ich bleibe dabei. Ich heirate!"

„Aber dazu gehört kein Mut!"

„Oh doch! Dazu gehört sogar eine gewisse Tollkühnheit. Ich bin überzeugt, dass ich deinen Mischkrug mit Wein gewinnen werde."

„Was wäre schon tollkühn daran, eine Witwe zu nehmen? Eine andere passt ja doch nicht mehr zu dir."

„Ich habe nicht von einer Witwe gesprochen. Ich spreche von einer, die man getrost noch als Jungfrau bezeichnen kann."

„Was heißt das – getrost?"

„Man braucht etwas guten Willen dazu."

„Dann ist sie wohl schon etwas ältlich und in ihren besten Tagen sitzen geblieben."

„Ganz jung ist sie nicht mehr, aber die besseren Tage hat sie noch vor sich."

„Meinst du mit dir?" rief einer. „Ist sie vielleicht auch so schön wie du?"

„Sie ist schön wie Aphrodite", sagte Sokrates, wobei er genüsslich die wulstigen Lippen spitzte und seine Augen, die kugelig aus den Höhlen hervorquollen, weit aufriss. „Ich werde die herrlichste Frau von Athen haben."

„Nun reicht es aber!", verwies ihn der Hausherr. „Du machst dich über uns lustig. Jetzt ist uns klar, du willst dich vor der Mutprobe drücken. Indem du uns etwas vorschwatzt und ablenkst."

„Keineswegs. Ich stürze mich mitten hinein in das wildeste, gefährlichste Abenteuer. Ehe ihr den Räuber gefangen, den Hauswirt verprügelt und die Steilwand erklommen habt, wird man mich rühmen als den mutigsten Mann dieser Stadt."

„Den Namen! Sage uns endlich den Namen!", wurde von mehreren Seiten gerufen. „Wer ist denn das gefährliche Weib, das du heiraten willst?"

„Nun, wer schon? Ich wundere mich, dass ihr nicht selbst darauf kommt. Ihr kennt sie doch alle. Neokles' Tochter ist es. Xanthippe!"

Das war nun ein zweiter Donnerschlag. Wieder blieb uns erst einmal die Sprache weg. Dann erhoben sich fröhliche Rufe:

„Bei allen Göttern, er hat Recht! Das wäre ein Wagnis!"

„Wer sich an die herantraut, ist wahrhaftig ein Held!"

„Wenn er es schafft, ist er Sieger!"

„Das schafft er nicht. Die macht ihn fertig, bevor er noch seinen Antrag vorbringt."

„Stellt euch die beiden doch mal als Paar vor. Zum Totlachen!"

In der Tat, die hoch gewachsene, schlanke, stolze Xanthippe und der gedrungene, rundliche, watschelnde Kahlkopf Sokrates – dieses Bild erregte schon in der Vorstellung Heiterkeit. Ringsum rissen alle die Mäuler auf, es gab ein Riesengelächter, in das auch der kühne Freier einstimmte.

Dann aber bat er um Ruhe und sagte: „Wenn ich euch also recht verstehe, seid ihr einverstanden mit meinem Angebot. Erkennt es als Mutprobe an."

Zustimmendes Geschrei war die Antwort.

„Und wann willst du deinen Antrag vorbringen?", fragte ich.

„Schon morgen", sagte Sokrates mit fester Stimme. „Ein Zauderer ist schon fast ein Feigling. Üblicherweise ist es freilich der Vater, der für den Sohn die Brautwerbung vornimmt. Aber ich habe ja keinen mehr. Natürlich kann auch ein anderer werben, ein Verwandter oder ein Freund. Sollte unter euch einer bereit sein, sich morgen in das Haus des Neokles zu begeben und um Xanthippe für mich anzuhalten?"

Alle schwiegen und grinsten verlegen. Einige Ältere, die Sokrates ansah, strichen sich seufzend die Bärte.

„Das kannst du nicht von uns verlangen", sagte schließlich der Gastgeber. „Xanthippe wird ja anwesend sein, und wer kann wissen, wie sie es aufnimmt. Sie wird vielleicht glauben, man will sie verspotten, und es kann für den Brautwerber übel ausgehen. Nein, das ist deine Angelegenheit. Versuche nicht, andere mit hineinzuziehen!"

„Recht hast du, Thukles!", rief Sokrates lachend. „Ich stellte die Frage auch nur der Form halber. Damit mir später nicht jemand vorwirft, ich hätte gegen Anstand und Sitte verstoßen. So werde ich also meine

Sache selbst vertreten."

„Schon morgen?"

„Schon morgen. Am Vormittag finde ich mich, gewaschen, bekränzt und in meinem Festgewand, bei Neokles ein. Wenn ihr Lust habt, begleitet mich! Ihr könnt ja in einem sicheren Abstand – auf der Straße, an der Pforte – auf meine Rückkehr warten."

Das war ein Vorschlag nach unserem Geschmack.

„Das tun wir gern! Mit dem größten Vergnügen!"

„Ich bringe Kräutersalbe mit – für den Fall, dass du mit einem Loch im Kopf herauskommst."

„Ich werde Verbandszeug bei mir haben."

„Und ich komme mit einem Tragebett! Vielleicht schlägt sie dich lahm – wer weiß, ob du hinterher noch laufen kannst."

Noch mancher Spaß ging auf Sokrates' Kosten. Dann aber kehrten wir bald nach Hause zurück, um am nächsten Tag frisch und pünktlich am Treffpunkt zu sein.

Kapitel 3

Um es gleich vorweg zu nehmen: Es wurde eine höchst ungewöhnliche Brautwerbung, und noch heute muss ich mich wundern, dass sie am Ende erfolgreich war.

Bereits in aller Frühe zogen wir los. Als Nachbar begleitete ich Sokrates von Anfang an. Da der Demos Alopeke, unser Wohnort, etwas außerhalb der Stadt liegt, mussten wir bis zum Stadttor ein paar Stadien durch das lang gestreckte Dorf und dann durch ein Waldstück wandern. Unterwegs stießen bald die meisten zu uns, die am Abend zuvor am Gelage teilgenommen hatten. Die Übrigen warteten am Tor. Hier wurde noch einmal kurz beraten. Vor allem schärften wir Sokrates ein, sich in der Frage der Mitgift nicht übertölpeln zu lassen. Zerstreut und sichtlich aufgeregt, hörte er uns aber kaum zu. Schließlich setzte er sich an die Spitze des Zuges. Wir hatten es nun nicht mehr weit. Neokles wohnte in einer vornehmen Gegend der Stadt, in der Nähe des altehrwürdigen Areopag-Hügels.

Je näher wir seinem Hause kamen, desto mehr schwand uns allerdings die Hoffnung, dass die Sache gut ausgehen würde. Unser Freier war wirklich alles andere als eine eindrucksvolle Erscheinung. Auch sein Festgewand vermochte ihm keinen Glanz zu verleihen. Es war ihm zu eng geworden und spannte über dem Bauch, die Borten am Saum und an den Ärmeln hingen halb abgerissen herab und an mehreren Stellen war es mit Wein befleckt. Der Kranz, der schief auf dem Kopf saß, schien bereits manches wilde Gelage durchlitten zu haben. Da Sokrates gewöhnlich barfuß ging, waren ihm die Opanken ungewohnt, und so hinkte und wackelte er und musste sich auf den Stock stützen. Seinem grauen, verfilzten Bart hatte auch der ausnahmsweise benutzte Kamm keine Form geben können. Dass unser Freund nicht gerade ein Apoll war, erwähnte ich schon. Mit seiner Stülpnase, den abstehenden Ohren und dem kurzen Hals ähnelte er mehr einem Silen oder Satyr. Die Gassenjungen, die uns daher kommen sahen, dachten wohl, dass wir als verspätete Zechgenossen einen Komos, einen fröhlichen Umzug veranstalteten. Sie riefen uns Spottverse zu und rannten johlend hinter uns her.

Vor dem Haus des Neokles angekommen, machte Sokrates keine Umstände und klopfte mit seinem Stock an die Tür. Zu unserer Überraschung wurde gleich aufgetan. Ein bulliger Türsteher warf einen strengen Blick auf unseren Haufen, ließ Sokrates ein und schloss die Tür wieder. Mir kam der Gedanke, dass sie drinnen vielleicht schon Bescheid wussten, dass sie möglicherweise einer von uns oder ein Sklave des Thukles unterrichtet hatte. Es ist ja immer wieder erstaunlich, wie schnell in dieser Stadt eine Nachricht oder auch nur ein Gerücht die Runde macht und bis in den letzten Winkel vordringt.

Wir warteten schweigend auf das, was geschehen würde. Ab und zu tauschten wir seufzend Blicke, die meiste Zeit starrten wir aber auf die Hauswand, die Tür und das winzige Fenster des überhängenden Obergeschosses. In die Wand hatte einer das Wort

„kobalos“ eingeritzt, „Gauner“, und jemand hatte vergebens versucht, es durch Übertünchen mit Kalk unlesbar zu machen.

Endlich wurde es drinnen lebendig. Doch wir bekamen gleich einen gehörigen Schreck. Ganz plötzlich erhob sich in schrillen Kaskaden ein Gelächter, das aus einer weiblichen Kehle kam. Es war höhnisch und grausam und schien kein Ende zu nehmen. Wir sahen uns an und wussten Bescheid. Natürlich war es Xanthippe, die dieses Lachen ausstieß, das erst aus dem hinteren Teil des Hauses oder dem Hof, dann aber aus der Nähe der Tür erscholl. Unser Freier wurde schnöde verspottet und abgewiesen. Und da sahen wir ihn auch schon wieder. Der Zerberos stieß die Tür auf und Sokrates hinaus auf die Straße. Nur einen Augenblick konnten wir hinter der breiten Schulter des Türstehers das lachende Gesicht der Xanthippe erkennen. Und während wir unseren Freund umringten und stützten, hörten wir es drinnen immer noch girren und gackern, kichern und prusten.

Sokrates war etwas mitgenommen, Schweißtropfen standen auf seiner Stirn. Aber er war schon wieder gefasst.

„Die Sache braucht Zeit“, erklärte er. „Ein zu leicht errungener Erfolg wäre ja trügerisch. An einem Weib, das er ohne Mühe erringt, wird der Mann keine Freude haben. Jedenfalls seht ihr, Freunde, dass mir ein hartes Ringen bevorsteht und dass der Sieg, wenn ich ihn dann erkämpft haben werde, auch seinen Preis wert ist.“

„Du glaubst immer noch, dass du Xanthippe bekommst?“ riefen wir. „Du willst es weiter versuchen?“

„Ja, denkt ihr, ich gebe gleich auf … nach dem ersten Geplänkel? Da wäre ich ein schlechter Heiratsstratege. Aber erst einmal mache ich eine Pause und sehe mir an, was ihr so zu Stande bringt. Wie wäre es, Diotimos, wenn du uns jetzt deine Kletterkünste zeigtest? Auf zur Akropolis! Aber lasst uns erst über den Markt gehen, damit ich dort zur Erholung ein paar Gespräche führen kann.“

Wir gingen in Richtung des Marktes. Hinter Sokrates’ Rücken wurde gefeixt und gespöttelt. Es gab keinen in unserem Haufen, der nicht überzeugt war, er wollte mit seiner zur Schau getragenen Zuversicht nur seine Niederlage erträglicher machen.

Wie aber staunten wir alle – er selber am meisten –, als wir kaum zwei, drei der krummen Gassen durchschritten hatten und eine überraschende Wendung eintrat.

Hinter uns tauchte Neokles auf und schrie, wir sollten stehen bleiben und auf ihn warten.

Er hätte Sokrates etwas zu sagen.

„Mein Bester!“, stieß er hervor, als er keuchend herankam. „Warum läufst du denn weg? Warum hast du keine Geduld? Erwartest du denn von einem Vater, dass er sich auf der Stelle entscheidet? Muss er nicht gründlich mit sich zu Rate gehen, bevor er seine geliebte Tochter hergibt?“

„Das versteht sich“, erwiderte Sokrates, „aber es ist nicht ganz richtig, wenn du behauptest, dass ich davonlief. Du selber gabst ja deinem Schergen Befehl, mich vor die Tür zu setzen.“

„Das tat ich doch nur zu deinem Schutz!“, beteuerte Neokles, wobei er mit großer Geste beide Hände auf die Brust legte. „Du kennst doch das Temperament meiner Tochter. Zunächst nahm sie deinen Antrag heiter auf, aber wer weiß denn, ob sie sich nicht besonnen hätte. Als Vater, der seine Verantwortung kennt, musste ich nachdenken und das Für und Wider erwägen. Inzwischen hätte sie sich vielleicht etwas ausgedacht, sei es auch nur, um dich zu necken. Und es wäre zu Missverständnissen gekommen. Du hättest womöglich gedacht, sie wollte dich nicht, und gleich aufgegeben. Deshalb ließ ich dich rasch hinausgeleiten. Doch wie du siehst, bin ich dir auf dem Fuße gefolgt, und nun können wir endlich in Ruhe verhandeln. Habe ich recht verstanden, dass du keine Mitgift verlangst?“

Dieser Neokles war ein verwitterter Lebemann mit einem fast zahnlosen Mund, den er gewöhnlich zu einem schiefen Lächeln verzog. Sein Bart war künstlich gelockt, und er duftete schon auf zehn Schritte nach Salböl. Um seinen hageren, knochigen Körper schlotterte ein besticktes Stutzermäntelchen, das seine dünnen Beine entblößte und eher zu einem Jüngling gepasst hätte. Die seltsamen Umtriebe dieses Aristokraten erwähnte ich schon. Ohne Zweifel war er es selbst, auf den die Inschrift an der Hauswand zielte.

Seine letzte Frage ließ uns die Ohren spitzen. Keine Mitgift? Wir scharten uns alle um die beiden und passten auf, dass uns nichts entging.

„In der Tat, das war mein Angebot“, erwiderte Sokrates. „Ich wollte allerdings noch hinzufügen, dass deine Tochter dafür etwas anderes mitbringen müsste: die Bereitschaft, mein einfaches und bescheidenes Leben zu teilen. Viel Bequemlichkeit könnte ich ihr nicht bieten. Das zu sagen, war mir jedoch nicht mehr möglich, weil Xanthippe in Gelächter ausbrach und weil …“

„Verzeih ihren Übermut!“, fiel ihm Neokles eifrig ins Wort. „Sie wollte dich damit keineswegs kränken. Außerdem ist sie ihrem Vater gehorsam und wird am Ende tun, was ich will. Dein Angebot scheint mir bedenkenswert, doch bleiben wir nicht auf halbem Wege stehen. Sieh mal, ich bin von altem Adel. Wenn ich meine Tochter schon unter ihrem Stand verheirate, so muss ich wenigstens die Sitte der Väter achten. Bei denen jedoch war es üblich, dass der Freier einen Brautpreis entrichtete!“

„Einen Brautpreis?“, entfuhr es einem von uns. „Das war vor Hunderten Jahren Sitte, zu Priamos’ und Odysseus’ Zeiten! Das hast du wohl bei Homer gelesen!“

„Ich verlange ja keine hundert Rinder“, sagte Neokles und lächelte traurig und schief in die Runde, „sondern ich will nur dem Brauch genügen. Ich sitze heute, den Göttern sei es geklagt, im Elend, du aber, Sokrates, hast von deinem Vater geerbt und übst ein blühendes Handwerk aus. Meinst du nicht, dass es anständig wäre, für die Wunde, die du meinem Vaterherzen zufügen wirst, indem du mir mein geliebtes Töchterchen nimmst, ein paar angemessene Geschenke zu geben? Ich würde edles Metall bevorzugen, das in dieser Zeit seinen Wert behält …“

Kobalos! Gauner! Er hatte sogleich das Geschäft gewittert. Jedem anderen hätte er hundert Rinder dazugeben müssen, um seine Tochter loszuwerden. In Sokrates aber, der von Geld und Besitz nicht viel verstand, lief ihm einer über den Weg, aus dem sich vielleicht noch etwas herausschlagen ließ.

Bevor aber unser Freund zu seiner Antwort den Mund öffnen konnte, mischten sich gleich mehrere ein.

„Hört euch das an! Er verlangt Gold für seine Xanthippe! Ich würde für die keinen Obolus geben!"

„Ich auch nicht! Wer wäre so dumm, eine bösartige Stute zu kaufen, die immer nur ausschlägt und sich nicht reiten lässt!"

„Reiten vielleicht – aber nicht anspannen!"

„Lass ihn stehen, Sokrates! Der will dich doppelt betrügen!"

„Ja, weil er weiß, eine solche Gelegenheit kommt nicht mehr wieder."

„Wann war der letzte Freier bei euch, Neokles? Vor acht Jahren? Zehn Jahren?"

Unter Gelächter nahmen wir Sokrates in die Mitte und zogen ihn fort. Obwohl er sich sträubte, ließen wir ihn nicht los. Wir waren entschlossen, ihn vor sich selber zu schützen. Gold war zwar nicht bei ihm zu holen, aber der durchtriebene Brautvater hätte ihm vielleicht noch den kleinen Weinberg in Gudi abgeschwatzt, der neben dem Häuschen in Alopeke sein einziges Besitztum war.

Indessen wollte Neokles sich nicht abschütteln lassen und rief: „Warum lässt du dich von diesen Männern bevormunden, Sokrates? Die Sache geht doch nur uns etwas an – uns beide! Lass uns unter vier Augen reden! Ein Bekannter von mir wohnt gleich in der Nähe, dort könnten wir …"

Aber da packte ihn Thukles und raunzte: „Ja, freilich, das könnte dir so passen! Da würdet ihr diesen vertrauensseligen Menschenfreund gleich zu zweit bearbeiten. Doch das schlage dir aus dem Kopf, daraus wird nichts! Entweder gibst du eine Mitgift oder du behältst deine Tochter! Entscheide dich! Hier, auf der Stelle!"

Inzwischen hatten wir die Agora erreicht, den Marktplatz. Im Nu gab es einen Auflauf, wie immer, wenn Sokrates mit Begleitung erschien. Ungewöhnlich war allerdings, dass er diesmal nicht selber das Wort führte, sondern nur ab und zu reichlich hilflos zwischen den Streitenden zu vermitteln suchte.

Von einem Händler ließ Thukles sich eine Wachstafel und einen Griffel geben, drückte mir beides in die Hand und diktierte:

„Neokles, Vater der Xanthippe, verpflichtet sich vor den erschienenen Zeugen, seiner Tochter am Tage der Heirat mit Sokrates, Steinmetz und Bildhauer aus Alopeke, die folgenden Gegenstände als persönliches Eigentum und dem Gatten zum Nießbrauch zu überlassen …"

Von allen Seiten hagelte es nun Vorschläge: ein Bett, eine Truhe mit Kleidern und Wäsche, einen Webstuhl, eine Ziege, dreihundert Drachmen in barem Geld, eine Dienerin, einen Backtrog, zehn Amphoren mit Öl …"

Jedes Mal, wenn ein neuer Posten genannt wurde, schrie Neokles auf. Mehrmals kehrte er uns schroff den Rücken und tat so, als wollte er fortgehen. Doch er blieb, denn er wusste nur allzu gut, er würde seine rufgeschädigte, unverträgliche Tochter trotz allem noch immer günstig an den Mann bringen.

Als die Wachstafel fast voll war und Sokrates sich ernsthaft beschwerte, weil er für solche Reichtümer keine Verwendung hätte, erklärten wir den Verlobungsvertrag für gültig und Thukles übernahm ihn zur Aufbewahrung. Während wir als Zeugen im Kreise standen, gaben sich Sokrates und Neokles die Hände. Das Marktvolk jubelte und klatschte Beifall.

Hinter mir aber sagte jemand: „Eine solche Frau verdient er, der Klugschwätzer! Jetzt bekommt er so viel aufs Maul, dass er gewiss bald verstummen wird!"

Kapitel 4

Es ist nicht üblich bei uns in Athen, nach dem Abschluss des Verlobungsvertrags noch lange mit der Hochzeit zu warten. Im Allgemeinen findet sie spätestens nach einem Monat statt. Aber mit dieser Hochzeit hatte es natürlich seine besondere Bewandtnis. Es verging fast ein halbes Jahr, bis sie endlich zu Stande kam.

Ich erinnere mich, dass Sokrates in dieser Zeit wieder häufiger ganze Tage in seiner Werkstatt zubrachte. Obwohl er sonst eher ein Langschläfer war, hörten wir ihn manchmal schon kurz nach Sonnenaufgang hämmern. Er vollendete einige seiner angefangenen Arbeiten und nahm sogar neue Aufträge an. Natürlich brauchte er jetzt Geld. Sein Haus war baufällig, seine Wirtschaft verwahrlost. Er musste Hausrat und ein paar Möbel anschaffen, denn was er von seinen Eltern hatte, konnte man nur noch als Scherben oder Gerümpel bezeichnen. Auch das Dach musste ausgebessert und eine neue Treppe zum ersten Stock errichtet werden, zu dem seit dem Tode seiner Mutter nicht mehr bewohnten Gynaikon, dem Frauengemach. Eine Leiter wollte er Xanthippe nicht zumuten. Bei alledem ging er mit überraschender Tatkraft zu Werke. Wann immer es meine Zeit zuließ, half ich ihm, wie es sich für einen Freund und Nachbarn gehört. Auch meine Frau Politta ging immer mal wieder hinüber, fegte und scheuerte, beseitigte Spinnweben und Mäusedreck. Bald war alles so weit, um die Braut aufzunehmen. Doch die ließ auf sich warten.

„Sie bereitet sich eben gründlich vor", sagte Sokrates, wenn wir ihn fragten, „und lässt sich von ihrer Mutter in allem unterweisen. Ich werde eine vollendete Hausfrau haben."

In Wirklichkeit war es ein bisschen anders. Immer wieder gingen Gerüchte um, im Haus des Neokles gebe es heftige Auftritte. Nachbarn hörten, dass Xanthippe drohte, wieder fliehen zu wollen, dass sie sogar eingesperrt werden musste. Ein andermal habe sie geschrien, sie wisse genug, um ihren Vater erneut vor Gericht zu bringen. Dann wieder hieß es, sie habe sich dreingefunden, verlange nun aber eine Aussteuer, die weit über das hinaus gehe, was wir an jenem Morgen auf der Agora festgelegt hatten. Es würde nur gerecht sein, habe Xanthippe geäußert, sie fürstlich dafür zu entschädigen, dass sie diesen alten hässlichen Stadtstreicher zum Mann nehmen müsse. Die Heirat komme Neokles, so hieß es, nun wirklich teuer und werde nur immer wieder verschoben, weil manches, was seine Tochter verlange, erst noch zu beschaffen sei. Damals häuften sich in der Stadt Diebstähle und Einbrüche, und mancher behauptete ganz offen, es gebe hier einen Zusammenhang.

Endlich war der große Tag da. Es versteht sich, dass halb Athen daran Anteil nahm. Wann kam es schon vor, dass zwei solche Berühmtheiten heirateten, die noch dazu gegensätzlicher nicht sein konnten! Viele hofften natürlich darauf, Xanthippe würde sich schon etwas einfallen lassen, um ihrem Ruf auch an ihrem Hochzeitstag Ehre zu machen. Die meisten wurden enttäuscht, zunächst verlief alles ganz normal, nach

Vorschrift und Sitte, ohne Zwischenfälle. Dass es dann doch noch etwas gab, aber viel später erst, kam deshalb beinahe einer Überraschung gleich.

Bereits am Vortag hatte die Braut ihre Opfer gebracht. Am Altar der Hera Gamelia, der Schützerin der Ehe, wurde die Galle des Opfertiers nicht mit den anderen Innereien verbrannt, sondern tief in der Erde vergraben, damit Bitterkeit und Zorn der Ehe fernblieben. Wie sinnreich, besonders in diesem Falle! Auch der Athene Polias, unserer Burggöttin, machte Xanthippe mit ihren Eltern brav ihre Aufwartung. Sokrates opferte derweil dem Zeus Teleios, der Artemis und den Moiren. Damit bewies er, wie sehr Aristophanes, der Komödiendichter, im Unrecht war, als er ihn ein paar Jahre zuvor in seinem Stück „Die Wolken" als gottlos verspottet hatte.

Bei der Feier im Hause der Braut war ich nicht zugegen. Sokrates wollte mich gern dabei haben, aber es zog mich nicht sehr in diese Gesellschaft von Aristokraten und Neureichen. Außerdem musste ja auch jemand sein Haus hüten und alles zum Empfang der Braut vorbereiten. Den ganzen Tag waren Politta und ich damit beschäftigt, die Türen und Pfeiler mit Girlanden und Lorbeerzweigen zu schmücken, das Brautbett mit Veilchen zu bestreuen, den Mörserstößel für die neue Hausfrau an der Tür zu befestigen und hundert andere Dinge zu tun. Ein gemieteter Koch bereitete derweil den Hammel zu. Im Nu verging die Zeit bis zur Dämmerung. Wir waren gerade mit allem fertig, als wir die Musik und den Lärm hörten.

Wir stürzten hinaus vor das Tor, und da näherte

sich auch schon der Brautzug, gewaltig Staub aufwirbelnd, mit zwei Maultiergespannen. Auf dem ersten saß Xanthippe mit Sokrates und seinem treuen Gefährten und Schüler Chairephon, der den Brautführer gab. Im zweiten folgten Neokles mit seiner Frau und Verwandten. Xanthippe hielt selbst die Zügel und schwang die Gerte. Mit wehendem Brautschleier nahm sie das letzte holprige Stück Weges mit solcher Geschwindigkeit, dass der Bräutigam neben ihr Mühe hatte, sich auf dem Wagen zu halten. Das zweite Fuhrwerk folgte mit einigem Abstand, und erst nach und nach trafen die anderen Teilnehmer des Hochzeitszugs ein, die sich zu Fuß angeschlossen hatten.

Üblicherweise empfängt die Schwiegermutter die Braut mit der Fackel, die an dem Herd, wo die junge Frau künftig walten soll, entzündet wurde. Stellvertretend für die Verstorbene tat dies nun meine Frau Politta. Sie wollte dazu auch ein Sprüchlein aufsagen, doch Xanthippe ließ sie gar nicht zu Wort kommen. Sie riss ihr die Fackel aus der Hand und stürmte gleich ohne Zögern ins Haus. Im Handumdrehen hatte sie alles besichtigt, auch das Frauengemach im ersten Stock.

Als Sokrates und wir anderen im Hof erschienen, war sie schon wieder oben auf der Treppe und rief: „Was für eine abscheuliche Bruchbude! Das Beste wird sein, sie in Brand zu stecken und etwas Neues zu bauen!“

Bei diesen Worten stieß sie die Fackel, die sie noch in der Hand hielt, gegen einen Dachbalken. Wir schrien auf. Da lachte sie, warf die Fackel fort und stieg, ihr prächtiges Festgewand raffend, die Treppe herab.

„Das können wir aber später noch tun", sagte sie zu dem erschrockenen Bräutigam. „Jetzt habe ich erst einmal tüchtigen Hunger!"

Von nun an gebärdete sie sich als Hausherrin. Sogleich übernahm sie das Kommando. Der Koch wurde ausgescholten, weil der Hammel nicht zart genug war. Eine Dienerin, die sie mitgebracht hatte, musste in aller Eile die Schüsseln und Teller auspacken, die zu ihrer Aussteuer gehörten, denn das vorgefundene, gerade angeschaffte Tischgeschirr fand sie zu schäbig. Auch Politta wurde hin und her gescheucht, als sei sie eine Sklavin des Hauses. Sokrates erhielt einen Rüffel, weil noch Bänke und Hocker fehlten. So musste er mit mir und ein paar anderen zwecks Beschaffung von Sitzgelegenheiten ausschwärmen.

Endlich versammelten wir uns zum Mahl. Es war eine merkwürdige Gesellschaft, die da zusammen war. Zwischen Sokrates, seinen Nachbarn und Freunden saßen Neokles und sein Anhang von heruntergekommenen Aristokraten und zwielichtigen Geschäftemachern. Die meisten waren ziemlich betrunken, hatten sie doch schon ein Gelage im Hause des Brautvaters hinter sich.

Xanthippe führte auch jetzt das Wort. Sie hatte sich nicht, wie es Sitte ist, züchtig am Nebentisch bei den Frauen niedergelassen, sondern mitten unter uns Männern. Während sie mit großem Appetit aß, sprach sie scherzend mal diesen, mal jenen an, wobei sie mehr als einmal über die Schwelle des Anstands hinausging.

„Neulich sah ich den Sohn eurer thrakischen Sklavin, Prodikos! Er ist dir ja wie aus dem Gesicht geschnitten – Gehst du immer noch zu der Hetäre Chrysis, Polemon? Ich finde sie hässlich wie eine Kröte. – Ist es wahr, dass du jetzt einen Liebestrank hast, Lysikles, der unfehlbar wirkt? Wie käme sonst der schöne Neleos dazu, dich zu lieben? Hast du nicht ein paar Tropfen für mich, damit ich meinen Ehemann besser ertrage?"

Derlei Reden führte sie. Sokrates lächelte dazu gutmütig und schien das Hohngelächter seiner neuen Verwandten nicht wahrzunehmen. Er tat mir ein bisschen leid, obwohl ich einräumen muss, dass Xanthippe, mal ungeachtet ihres ungebärdigen, Anstoß erregenden Wesens, einen Jüngeren und Schöneren verdient hätte. Ich sah sie ja zum ersten Mal aus der Nähe und war, das gestehe ich, sehr beeindruckt.

Trotz ihrer, wie es hieß, dreißig Jahre war sie noch immer eine Augenweide. Die Natur hatte sie mit allerlei Widersprüchlichem ausgestattet, doch gerade darin bestand das Reizvolle ihrer Erscheinung. Ihr Mund war ein wenig zu groß, das Kinn dafür klein und hübsch gerundet. Ein zarter, schlanker Hals saß auf kräftigen Schultern. Beilscharf war die Nase, doch sanft schwangen sich darüber die Brauen. Ihre Augen waren so groß und tief schwarz, dass man unwillkürlich erschrak, wenn man von ihrem Blick getroffen wurde.

An diesem ersten Abend konnte ich nicht anders, als sie dauernd anzustarren, weil ich, nachdem ich so manche Hochzeit miterlebt hatte, zum ersten Mal eine Braut sah, die nicht streng verschleiert, stumm und schüchtern unter den Frauen hockte und ängstlich der Dinge harrte, die kommen sollten. Mit ihrem lässig aufgesteckten Haar, auf dem der Schleier längst verrutscht war, in ihrem bunt gemusterten Seidengewand, das mehr preisgab als verhüllte, und dem kostbaren Schmuck an Armen und Hals hätte man sie auch für eine Hetäre halten können. Wenn sie nicht gerade schrie und keifte, hatte sie sogar eine angenehme Stimme, und da sie ihre Reden mit schwungvollen Gesten begleitete, kamen die Sinne dessen, der sie ansah und ihr zuhörte, voll auf ihre Kosten. Ja, ich war geradezu von ihr hingerissen!

Die Ernüchterung folgte allerdings schnell.

Unter den Gästen war ich einer der Unbedeutendsten, und Xanthippe beachtete mich zunächst überhaupt nicht. Als nun die Schüsseln mit den Resten des Mahls abgeräumt wurden, nahm ich endlich die Gelegenheit wahr, mich ihr bemerkbar zu machen. Ich hatte ja etwas zu diesem Anlass gedichtet, und jetzt war der richtige Zeitpunkt gekommen, es vorzutragen. Mit einem Räuspern stand ich auf, und Sokrates, der gleich Bescheid wusste, klatschte in die Hände und bat um Aufmerksamkeit für mich. Alle sahen zu mir hin. Zum ersten Mal traf mich nun auch der nachtschwarze Blick der Braut, der mich gleich so verlegen machte, dass ich bei den ersten Versen ins Stottern geriet. Dann aber riss ich mich zusammen und brachte den Vortrag ohne Stocken zu Ende.

Ich erinnere mich nur noch des Schlusses, der

lautete:

„So gewähre, o Sokrates, dir dein tüchtiges Weib die köstlichsten Freuden,

Wohlstand beglücke dein Haus und frohes Kindergeschrei!

Sei zu ihr gerecht, sie aber sei dir immer gehorsam,

dann ist auch der Göttersegen dabei!"

Mochte dieses Hochzeitsgedicht auch kein Meisterwerk sein. Aber das schrille Gelächter, das Xanthippe ausstieß, kaum dass ich geendet hatte, war meiner Meinung nach unverdient.

Auch Neokles und sein Anhang wieherten lauthals und schlugen sich die Schenkel.

„Großartig! Wunderbar! Einmalig!"

„Ein begnadetes Machwerk!"

„Das ‚tüchtige Weib' und die ‚köstlichen Freuden' sind bei Theognis gestohlen!"

„Ob sie ihm wirklich immer gehorsam sein wird?"

„Beim Dichten war Göttersegen jedenfalls nicht dabei!"

„Ich höre, der Dichter ist Schuster!", schrie Xanthippe. „Er sollte seinen Versfüßen Schuhe anmessen. Vielleicht hinken sie dann nicht ganz so kläglich!"

Also hatte ich mich mächtig blamiert. Was nützte es, dass mich Sokrates umarmte, tröstete und belobigte. Politta, die schon lange innerlich kochte, weil sie die Reden und das Gehabe Xanthippes nicht mehr ertrug, zischte mir ins Ohr, wir sollten endlich nach Hause gehen.

Ich wollte mich gerade mit ihr zurückziehen, als wir plötzlich Lärm und Pferdegetrappel vernahmen. Bänke wurden gerückt, alle sprangen gleichzeitig auf. Ein verspäteter Gast war noch gekommen – und was für einer!

Es war niemand anders als Alkibiades.

Überflüssig ist es wohl, meinen Lesern diesen Mann vorzustellen. In Athen kannte ihn jeder, wenig später lernte ihn auch ganz Griechenland kennen. Und wer erinnert sich nicht an ihn! Eine strahlende Erscheinung, von altem Adel, glänzend begabt, von den Männern bewundert, den Frauen angeschwärmt, war er damals bei uns ein irdischer Gott. Dass er launisch, übermütig und in jeder Beziehung ausschweifend war, machte ihn nur interessanter. Seine Liebesabenteuer und wilden Gelage beschäftigten die Athener mehr als die Machenschaften unserer früheren Feinde, die neue Bündnisse gegen uns schmiedeten.

Wir hatten ihn gerade in der Volksversammlung zum Strategen gewählt, und jeder sah in ihm den kommenden Mann.

Mit Sokrates verband ihn eine alte Freundschaft, von der es hieß, dass sie mal sehr innig gewesen sei. Auf mehreren Kriegszügen hatten die beiden das Zelt geteilt und Seite an Seite gekämpft. Einmal hatte Sokrates den verwundeten Alkibiades mitten im Getümmel vom Schlachtfeld geschleppt. In der letzten Zeit war die Verbindung lockerer geworden. Sokrates bestritt, wenn darauf angespielt wurde, er habe sich dem jüngeren Mann je als Liebhaber genähert. Vielmehr habe er dessen Gesellschaft gesucht, weil er die große

Zukunft des Alkibiades vorausgesehen und die Gefahren geahnt habe, denen ein solcher Charakter und die von ihm Beherrschten ausgesetzt sein würden. Nur eines habe er stets gewollt: die Leidenschaften des anderen dämpfen, seine Tugenden fördern, ihn zum Maßhalten erziehen. Mag sein, dass es so war. Aber auch Sokrates war nicht immer zu trauen, und er war kein Verächter sinnlicher Genüsse. Die frühere Zuneigung, die die beiden verbunden hatte, war jedenfalls noch nicht erloschen, und so fiel es Alkibiades am Abend noch ein, er müsse dem alten Freund an dessen Hochzeitstag seine Aufwartung machen.

Nun also erschien er, von lautem Zuruf begrüßt, in unserer Mitte. Hinter ihm traten noch ein paar junge Lebemänner, zwei Diener mit Geschenken und eine halbnackte Flötenspielerin ein, die in wilder Ausgelassenheit zu spielen begann. Der schon angetrunkene Alkibiades scherzte, er komme immer im richtigen Augenblick – und in der Tat, es wurde gerade der Wein für das Trinkgelage gebracht. Der große Mann umarmte und küsste Braut und Bräutigam. Hinter seinem Rücken wurde verstohlen gefeixt, denn auch mit der Braut verbanden ihn ja gewisse pikante Erinnerungen. Sokrates zeigte ehrliche Freude, Xanthippe gab sich dagegen kühl und hielt ihm zum Kuss nur die Wange hin. Der Gast nahm Platz, indem er sich breit lächelnd zwischen die beiden zwängte. Kaum saß er, griff er nach der Schöpfkelle. Ganz selbstverständlich, so wie er es überall, wohin er kam, gewöhnt war, machte er sich zum Symposiarchen, zum Herrn des Gelages.

Es ist schon erstaunlich, wie die Gegenwart eines Mächtigen in einer solchen Gesellschaft plötzlich Wirkung zeigt. Wurde vorher laut durcheinander geredet, war jeder bestrebt, sich wichtig zu machen, neigten sich jetzt alle zu ihm hin und hingen beglückt an seinem Munde. Man gratulierte ihm noch einmal zu seiner Wahl zum Strategen. Beflissen wurden ihm Fragen gestellt, die er selbstgefällig und manchmal läppisch scherzend beantwortete.

Neokles, der sich anscheinend nicht mehr erinnerte, dass ihm Alkibiades die Tochter verführt hatte, pries ihn in einem Trinkspruch als den ehrenfestesten Bürger Athens und Erneuerer des homerischen Heldengeistes. Der Waffenhersteller Polemon trank ihm zu als dem Mann, der den unerquicklichen Frieden, welcher der Stadt nur Nachteile bringe, beenden werde. Alkibiades hob schließlich den Becher auf die Vereinigung ganz Griechenlands, die demnächst unter seiner Führung ins Werk gesetzt werde.

„Und willst du dich dann vielleicht zum König erheben lassen?", fragte Sokrates, der ihm stirnrunzelnd zugehört hatte.

„Warum nicht?", rief Alkibiades und küsste, volltrunken wie er inzwischen war, den Bräutigam mitten auf den Kahlkopf. „Und dich, mein Teurer, mache ich dann zu meinem obersten Tugendrat!"

Der Braut die seit der Ankunft des hohen Gastes ein böses Gesicht gezogen und kaum noch ein Wort gesagt hatte, war das zu viel.

„Warum machst du ihn nicht zu deiner Königin?", sagte sie schneidend. „Wart ihr nicht beide mal ein glückliches Paar? Nimm ihn nur wieder, ich geb ihn dir gern. Wie wird das Volk jubeln, wenn es euch beide Hand in Hand unter einem Thronhimmel sieht!"

Dabei sprang sie auf, riss sich den Schleier vom Kopf und warf ihn zu Boden.

Alle starrten sie fassungslos an. Dieser Scherz ging ja nun wirklich zu weit.

Was aber tat Alkibiades? Einen Augenblick stand auch ihm vor Verblüffung der Mund offen. Dann aber brach er in ein tolles Gelächter aus. Er bückte sich, hob den Schleier auf und warf ihn sich selbst über den Kopf.

„Nein!", schrie er. „Sokrates wird König! Wir errichten das Reich des edlen Menschentums, und der edelste aller Menschen soll darin herrschen! Ihr alle, Männer, seid Eingeweihte! Feiern wir das Mysterium! Trinken wir auf König Sokrates!"

Ein wüstes Gegröle erhob sich. Alkibiades stand schwankend auf, löste die Spange seines seidenen Mantels und wollte ihn Sokrates um die Schultern legen. Der hatte nun endlich genug und wehrte den Betrunkenen ab, indem er ihm einen Stoß gab. Alkibiades verlor das Gleichgewicht und wäre beinahe gestürzt. Doch Neokles sprang eilfertig auf und stützte ihn.

Da gellte es plötzlich aus der Ecke des Hofes vom Frauentisch her:

„Seht doch – Xanthippe! Sie macht sich davon!"

Wir rissen die Köpfe herum und – tatsächlich – da sahen wir nur noch, wie die Braut, sich einen Umhang überwerfend, zum Tor hinaus eilte. Gleich darauf hörten wir stampfende Hufe.

Alles rannte zum Tor und auf die Gasse hinaus. Dort waren die Maultiere, welche die Wagen des Brautzugs gezogen hatten, an Bäume gebunden. Der Braune des Alkibiades aber war fort. Weit entfernt schon tauchten Pferd und Reiterin in die Dunkelheit.

So hatte es also doch noch etwas gegeben. Es wäre ja auch ein Wunder gewesen, wenn die Hochzeit von Sokrates und Xanthippe nicht mit einem Skandal geendet hätte.

Die Hochzeitsnacht fiel aus, das mit Veilchen bestreute Bett blieb unberührt. Die Jungfrauen aus der Nachbarschaft, die um Mitternacht erschienen, um vor der Tür des Brautgemachs das Epithalamion, das Hochzeitslied, zu singen, wurden fortgeschickt. Und alles endete wie ein normales Symposion. Die Frauen zogen sich zurück, und die Männer zechten bis in den Morgen. Nach und nach waren alle betrunken. Manche sanken an Ort und Stelle in Schlaf, andere machten sich auf den Heimweg.

Nur Sokrates, wie immer am trinkfestesten und unermüdlichsten, diskutierte mit denen, die ihm noch folgen konnten, bis zum Morgengrauen. Einigermaßen nüchtern, ließ auch ich mir diesen Diskurs nicht entgehen.

Über die Selbstbeherrschung und die Kunst, sich, was auch geschehe, niemals erschüttern zu lassen.

Kapitel 5

Sokrates tat gut daran, sich in Gelassenheit zu üben.

Am nächsten Tag kam die Geflohene zurück. Diesmal blieb sie und richtete sich ein. Auch ihre nach dem ersten Eindruck geäußerte Absicht, die „Bruchbude“ niederzubrennen, blieb natürlich unausgeführt. Mit ihrer alten Dienerin Simike, einer Sklavin aus Epiros, stellte sie zwar alles auf den Kopf – die beiden rumorten und wirtschafteten tagelang -, aber schließlich hatte sie genug davon, und so traten nach und nach normale Verhältnisse ein. Von nun an spielte sie nur noch die Hausherrin, schritt im leichten Gewand – silberne Reife an den Armen und Perlen an den Ohren – auf und ab, kommandierte die Dienerin, schalt ihren Ehemann und gab sich in ihrer bescheidenen Umgebung den Anschein, das Leben einer vornehmen Dame zu führen.

Was die Annehmlichkeiten des Ehelebens betraf, so zeigte das ungleiche Paar sich in diesem Punkt überraschend gleich gestimmt. Es entfaltete eine erstaunliche Regsamkeit: Fast jede Nacht hörten wir das Gestöhn und Gekeuche und die spitzen Lustschreie, kaum gedämpft durch den dünnen Vorhang des Gynaikons. Auch am Tage, wenn die Dienerin auf dem Markt war, vergnügten die beiden sich öfters, wo sie gerade gingen und standen, mal im Megaron neben dem Herdfeuer, mal unter den Strohdach der Werkstatt. Manchmal taten sie es auch gleich auf dem Rasen hinter der Mauer – da konnte einem das Blut wahrhaftig in Wallung geraten. Einmal ist es mir passiert, dass ich mich nicht mehr beherrschen konnte. Ich stürzte in den Gemüsegarten und warf meine Politta, die dort ahnungslos Unkraut zupfte, zwischen die Kohlköpfe, um mich wie ein geiler, unersättlicher Priapos zu gebärden.

Bei Xanthippe zeitigte das emsige Treiben bald Folgen. Sie wurde schwanger und nach etwa einem Ehejahr brachte sie einen Sohn zur Welt. Lamprokles nannten sie ihn. Er war ein hübsches Kerlchen und wurde ihr später sehr ähnlich. Rührend war sie um ihn besorgt, und es schien sogar, dass sich ihr Wesen durch diese neue Aufgabe, die ihr nun zufiel, ein wenig veränderte. Sie wurde etwas ruhiger und milder, wenn auch nicht gerade ein sanftes Täubchen. Wo immer sie sich gerade aufhielt, trug sie das Kind bei sich, gab ihm die Brust, schaukelte es in der Hängematte, sang ihm Liedchen vor. Und wie es meistens kommt, wenn der Nachwuchs seine Rechte einfordert (auch bei mir und Politta war das nicht anders gewesen), ging dies auf Kosten des ehelichen Vergnügens. Hinter dem Vorhang des Gynaikons war nun selbst nachts fast nur noch das Geplärr des Lamprokles zu hören.

Auch Sokrates hatte sich in diesem Jahr verändert, zumindest was seine Gewohnheiten betraf. Als Ehemann und schließlich als Vater hatte er nun Verantwortung, und er schickte sich drein, wenn auch nicht gerade freudig. Das Trinkgelage, das Thukles gab, um ihm den Preis für die mutigste Tat, den Krug mit Chier-Wein zu überreichen, war für lange Zeit das letzte, an dem er teilnahm. Während wir den köstlichen Tropfen gemeinsam verkosteten, gestand er uns, dass er sich in seine „Xantha“ verliebt habe und dass er auch damals schon, als er uns seinen Entschluss verkündete, um ihre Hand anzuhalten, ihr Bewunderer gewesen sei. Obwohl es nicht ganz leicht mit ihr sei, käme sie unter allen Frauen seinem Idealbild am nächsten. Wir verspotteten ihn als Duckmäuser und Weiberknecht, doch das kümmerte ihn nicht.

Wie schon vor der Hochzeit war er auch im ersten Ehejahr immer zu Hause und klopfte brav an seinen Steinen herum. Kunden kamen und gingen, und die sich als äußerst geschäftstüchtig erweisende Xanthippe machte es mit ihnen wie Politta mit meinen Kunden: Sie feilschte ausgiebig um die Preise. An Aufträgen war kein Mangel, und ich hörte, wie sie sich nebenan darüber unterhielten, womöglich einen Gehilfen aus dem Metökenstand anzustellen oder wenigstens den Erwerb eines einschlägig vorgebildeten Sklaven zu erwägen. Man konnte tatsächlich glauben, dass Sokrates nun doch noch ein biederer Handwerker werden wollte, der auf den Erwerb von Geld und Gut, nicht aber von mehr Erkenntnis und Wissen aus war.

Hier täuschte allerdings der Schein. Zunächst fügte sich Sokrates, weil ihm Xanthippe täglich dreimal vorhielt, dass er verpflichtet sei, ihr Wohlstand und Sicherheit zu bieten und ihr, der Tochter eines Aristokraten, eine standesgemäße Lebensweise zu ermöglichen. Wie oft hörte ich sie dieses Lied abspulen – in jeder Tonart, bei jeder Gelegenheit. An schönen Tagen saß sie gewöhnlich mitten im Hof unter einem Sonnenschirm, und während er schwitzend einer Stele ein Ornament oder einen Schriftzug einmeißelte, hämmerte sie ihm ihre eisernen Vorschriften ins Gedächtnis. Mein armer Freund, der sonst so beredt war, schwieg dazu meist so ergeben, dass ich mich immer wieder an den Mann auf dem Markt und seine Vorhersage erinnerte, diese Frau werde ihn zum Verstummen bringen.

Mehr als einmal sagte Politta: „Was die sich einbildet, diese Ziege! So ein guter Kerl und so klug – und sie behandelt ihn wie Dreck. Warum lässt er sich das gefallen?“

Doch, wie gesagt, es täuschte der Schein. Sokrates hatte sich keineswegs aufgegeben. Er hatte nur begriffen, dass seine Selbstbeherrschung hier auf eine dauerhafte Probe gestellt war und dass er abwarten musste. Xanthippe hatte zum Teil ja auch Recht – was wäre mit trotzigem Widerstand zu gewinnen gewesen?

Erst allmählich änderte er seine Taktik. Mir sagte er einmal, als er auf einen Becher Wein herumkam: „Ich halte es kaum noch aus, Simon. Xantha ist ja ein prächtiges Weib, und der Umgang mit ihr ist sehr unterhaltsam. Auch der Kleine ist allerliebst, man kann bereits mit ihm spielen. Aber was habe ich sonst noch? Steine und Staub. Das ist kein Leben mehr. Ich muss unbedingt wieder unter Menschen.“

„Aber wird sie dich gehen lassen?“, fragte ich spöttisch.

„Ich werde sie schon überzeugen, dass es notwendig ist“, murmelte er mit einem Seufzer.

„Und warum machst du dich nicht einfach davon? Unter irgendeinem Vorwand?“

„Das möchte ich nicht. Belügen will ich sie auf keinen Fall.“

„Du könntest auch heimlich verschwinden.“

„Vielleicht. Aber nur in äußerster Not.“

Sein Plan war also, Xanthippe zu „überzeugen“. Was für ein Unterfangen! Wie leicht war es ihm im Vergleich dazu früher gefallen, mit Gelehrten und anderen bedeutenden Geistern fertig zu werden. Beide schenkten sich nichts, und als Zuhörer konnte man dabei seinen Spaß haben. Noch einmal: Niemals habe ich sie belauscht. Aber ich hatte nun mal meinen Arbeitsplatz in dem kleinen Verschlag gleich hinter der Hofmauer und musste mithören, was sie redeten, ob ich wollte oder nicht.

Früher, als Sokrates noch lange schlief und immer am Vormittag fortging, hatte ich morgens gern den Vögeln gelauscht oder den Hähnen, den Schafen, den Hunden und all dem anderen Getier. Das war meine ganze Unterhaltung gewesen, bis irgendwann im Laufe des Tages vielleicht ein Kunde gekommen war und ein paar Neuigkeiten erzählt hatte. Jetzt konnte ich mich über Mangel an Kurzweil nicht mehr beklagen.

In aller Frühe ging es schon los.

Xanthippe, durch den hungrigen Lamprokles zeitig aus dem Schlaf geholt, erschien auf der Treppe und schrie: „Sokrates! Die Sonne ist da! Willst du nicht endlich aufstehen und sie begrüßen?“

Es war eine seiner liebenswerten Schrullen, einen Morgengruß an die Sonne zu richten. Das hatte er immer schon gemacht, wenn auch gewöhnlich erst, als sie auf ihrer täglichen Bahn ein gutes Stück zurückgelegt hatte.

Und er hatte auch seinen Gruß nur gemurmelt. Jetzt aber trat er aus dem Hause (er schlief seit der Geburt des Kindes wieder unten im Megaron), hustete, räusperte sich und trompetete: „Guten Morgen, edle Wohltäterin, Spenderin des Lichts und der Wärme! Ich danke dir, weil du auch heute erschienen bist. Mögest du uns zu einem glücklichen Tag leuchten!"

Dann begrüßte sich das Paar und oftmals hörte ich Sokrates sagen; „Ich hatte einen Traum, Xantha."

„Erzähl ihn mir später."

„Nein, ich erzähle ihn dir lieber gleich, sonst vergesse ich ihn. Ich träumte, heute gebe es keine Pflicht. Und beim Erwachen würde mich ein köstliches Vergnügen erwarten. Ahnst du, welches?"

An dieser Stelle folgten ein paar schmatzende Küsse.

„Ach, du träumst immer dasselbe", sagte sie abweisend. „Aber jetzt haben wir keine Zeit dazu."

„Warum nicht? An einem Morgen wie diesem … was könnte man da Besseres tun als Aphrodite zu opfern?"

„Du bist ja noch gar nicht richtig ausgeschlafen. Jetzt musst du dich erst einmal in Schwung bringen."

„Aber das könnte ich doch gerade, indem ich … indem wir …"

Noch ehe er zu Ende sprechen konnte, ertönte meist schon das Tympanon. Xanthippe schlug es, und Sokrates begann zu tanzen. Später behauptete er immer, er selbst sei darauf gekommen, dass Tanzen die beste Methode sei, um Trägheit und Müdigkeit aus dem Körper zu schütteln. In Wirklichkeit aber war sie es, die ihn darauf gebracht hatte. Manchmal, ich gestehe es ja, spähte ich über die Mauer und sah zu, wie er hüpfte, sich drehte, possierliche Sprünge machte, mit den Hüften wackelte, die Arme schwenkte und seine Takt schlagende Gattin dabei umkreiste.

Wenn sie es endlich genug sein und ihn verschnaufen ließ, pries er mit fröhlicher Selbstironie ihre Klugheit.

„Du wirst noch einen schönen Mann aus mir machen – so einen, wie du ihn verdient hast. Ich werde es mit den stattlichsten Athleten aufnehmen können. Wahrhaftig, Tanzen ist die beste Gymnastik! Alle Teile des Körpers werden gleichmäßig beansprucht. Du wirst nicht schmalschultrig wie ein Läufer und nicht dünnbeinig wie ein Faustkämpfer, sondern ein Bild von einem Mann und tüchtig für alles. Wie ist es nun? Vielleicht doch noch ein Tänzchen zu zweit?"

„Bitte, Sokrates, geh dich waschen! Du riechst wie ein Bock."

„Und das stört dich?"

„Das weißt du doch."

„Im Allgemeinen lieben die Frauen den Geruch vornehmer Mühsal."

„Wo hast du denn solche Frauen kennen gelernt? Auf dem Sportplatz vielleicht? Da verwechselst du wohl eine Kleinigkeit."

„Du bist nachtragend, Xantha. Das ist lange her. Wie oft soll ich dir das noch beteuern! Außerdem habe ich an den Knaben immer nur die Schönheit der unverdorbenen Seele geliebt."

„Wer dir das glaubt. Und nun beeil dich. Und

geh nicht so verschwenderisch mit dem Wasser um. Lamprokles muss noch gebadet werden."

Später frühstückten sie. Bei gutem Wetter saßen sie dazu im Hof unter den silbergrauen Blättern eines Olivenbaums. Zu dem einfachen Morgenmahl gehörten neben Früchten auch Gerstenbrei, Käse, Lauch und frische Milch, die Simike schon von einem Bauern geholt hatte.

Kaum hatten sie sich niedergelassen, fing Xanthippe gewöhnlich mit ihrer beredten Klage über das karge Familieneinkommen und die steigenden Preise an. Sie beabsichtigte damit immer dasselbe: dass Sokrates seine Sinne auf nichts anderes als die Arbeit richtete. Zu jener Zeit war es ihr durch die Vermittlung ihres Vaters gelungen, ihm einen recht bedeutenden Auftrag zu verschaffen. Unter dem Strohdach der Werkstatt stand eine angefangene Marmorstatue, die der Besitzer einer Messerschmiede bestellt hatte. So etwas hatte Sokrates schon lange nicht mehr gemacht. Es ging damit auch nicht recht voran, und Xanthippe wurde zunehmend ungeduldig. An eines dieser Gespräche erinnere ich mich genau.

„Hoffentlich bringst du heute wenigstens die Falten des Mantels fertig", begann sie. „Nachdem er dir neulich Modell gestanden hatte, sagte mir Onomakles noch einmal ausdrücklich beim Hinausgehen, wie wichtig die Statue für ihn sei. Er will sie unbedingt noch vor den nächsten Strategenwahlen aufstellen lassen."

„Will er denn nicht gewählt werden?", fragte Sokrates kauend.

„Natürlich will er gewählt werden! Wie kommst du denn darauf, dass er es nicht will? Deshalb lässt er sich ja so heldisch darstellen – als Achilleus mit Helm und Schild. Damit will er die Leute doch glauben machen, dass er zum Heerführer berufen ist.“

„Gerade das könnte viele aber daran erinnern, dass er den Schild mal fortwarf und schmählich Reißaus nahm. Bei Delion, mitten in der Schlacht. Zufällig kämpfte ich in der Nähe und sah es mit eigenen Augen.“

„Das ist doch schon ein paar Jahre her. Und warum sollte das jemanden stören? Ihr Männer wollt doch nun einmal betrogen sein und von falschen Helden geführt werden. Wenn wir Frauen das Wahlrecht hätten, würden wir andere wählen.“

„Ich fürchte, die richtigen Helden“, sagte Sokrates lachend, „Das wäre noch schlimmer.“

„Versprichst du mir, dass du heute vorankommst?“

„Ich werde Onomakles aufsuchen und ihn bitten, mir noch etwas Zeit zu geben.“

„Unmöglich. Dafür müsstest du einen guten Grund haben. Was willst du ihm denn sagen?“

„Dass ich ihn noch nicht richtig getroffen habe. Und das wäre nicht einmal gelogen. Irgendetwas stimmt da noch nicht.“

„Aber das macht doch nichts. Es genügt ja, dass er zufrieden ist. Und dass wir die zweihundert Drachmen bekommen, die er dir schuldet, wenn du fertig bist. Sokrates, wir brauchen das Geld!“

Er seufzte vernehmlich. „Natürlich, wir brauchen es. Und dann wieder zweihundert und wieder zweihundert und jedes Mal einen neuen Sklavenhalter."

„Deine Kunden nennst du Sklavenhalter?"

„Wer von jemandem Geld nimmt, macht ihn zu seinem Herrn. Oder nicht? Er leistet ihm Sklavendienste. Er ist nicht mehr frei."

„Aber leben willst du ja schließlich auch. Weißt du vielleicht etwas Besseres als Geld zu erwerben?

„Freunde zum Beispiel."

„Freunde!"

„Ja, ergebene, treue Freunde", beharrte Sokrates. „Leute, auf die in jeder Lage Verlass ist."

„Solche Leute gibt es doch gar nicht."

„O doch! Man muss sie nur suchen, sie sind rar. So ein Freund ist ja mehr wert als zweihundert Drachmen. Er stellt sozusagen ein Vermögen dar."

„Ach, und kann man von diesem Vermögen auch leben?"

„Fürstlich. Gerätst du in Not – der Freund leistet Hilfe. Droht dir Gefahr – er rettet dich. Bist du niedergeschlagen – er richtet dich auf."

„Hast du kein Geld – er zückt seinen Beutel."

„Natürlich."

„Natürlich?"

„Sofern etwas drin ist, versteht sich. Wenn nicht, wird er dir ersatzweise andere Proben seiner vielfältigen Nützlichkeit zuteilwerden lassen."

„Und welche Proben vielfältiger Nützlichkeit", höhnte Xanthippe, „würden das Fehlen von, sagen wir, zweihundert Drachmen ersetzen?"

Sokrates merkte, dass er so nicht weiterkam und sagte in heiterem Tonfall: „Darüber reden wir ein andermal, Liebste. Was für ein anregendes Gespräch. Ich werde mich jetzt zu Onomakles begeben. Anschließend mache ich ein paar Einkäufe. Und dann muss ich mich auch einmal um unseren Weinberg kümmern."

„Einen Augenblick!", rief Xanthippe. „Warte mal, nicht so eilig. Den Weg zu Onomakles kannst du dir sparen. Die Einkäufe erledigt Simike. Und der Weinberg ist bestens bestellt."

„Aber … aber ich will dann auch noch …"

„Du willst wieder zum Markt, hab ich Recht? Vermutlich um Freunde zu erwerben. In Gesellschaft von Tagedieben herumlungern. Deine kostbare Zeit mit Geschwätz vertun. Aber ich sage dir, daraus wird nichts. Schlag dir das aus dem Kopf!"

Das war deutlich. Ich spitzte die Ohren. Er hatte es, wenn nicht mit Lügen, so doch mit Vorwänden versucht. Aber sie hatte sogleich den Braten gerochen. Eigentlich war es ja ganz unmöglich, dass eine Frau ihren Gatten zu hindern suchte, das Haus zu verlassen und zum Markt zu gehen. Diese aber … was nahm die sich nicht alles heraus! Ich war gespannt, was Sokrates tun würde. Klein beigeben oder erstmals den Hausherrn herauskehren?

Weder das eine noch das andere tat er. Uns normalen Männern wäre nichts anderes eingefallen. Er aber versuchte es wieder auf seine Art, mit dieser ganz eigentümlichen, unnachahmlichen Hartnäckigkeit.

„Hör mal, Xantha", sagte er sanft. „Mal angenommen, ich ginge tatsächlich zum Markt, so würde ich dort doch nicht herumlungern. Da hat dich jemand vollkommen falsch unterrichtet."

„Hat man das wirklich?", spottete sie. „Das glaube ich nicht. Ich weiß Bescheid. Über dich hat ja ganz Athen gelacht. Hast du nicht immer in der Halle gestanden, im Kreise deiner ‚lieben Freunde', und jeden, der vorüber ging, angequatscht: ‚Entschuldige, darf ich dich etwas fragen …'"

„Das stimmt. Aber lass mich es dir bitte erklären. Das ist eine neue Form des öffentlichen Gedankenaustauschs, sehr unterhaltsam und belehrend. Und sie trägt bei zur Meinungsbildung, die ja sehr wichtig ist in unserer demokratischen Polis. Da bei uns jeder mitreden soll, darf er nicht blöde und unwissend sein, sondern er muss eine vernünftige Meinung haben."

„Und die bekommt er ausgerechnet von dir?"

„O nein, ich helfe ihm nur, sie zu finden. Ich gebe ihm Anregungen. Weißt du, es ist wie im Theater – ein Dialog, nur dass ihn kein Dichter vorher geschrieben hat. Ich suche mir jemanden aus und stelle ihm Fragen. Er antwortet mir, und es entwickelt sich ein Gespräch zwischen uns. Und die Leute stehen im Kreise und hören uns zu."

„Sie hören nur zu? Du sollst schon Schläge bekommen haben."

„Nun, die Athener sind leidenschaftlich. Natürlich mischt sich mal jemand ein. Es gibt Zwischenrufe. Manchmal wird auch gelacht."

„Ich würde mich totlachen!"

„Und ich versichere dir: Es ist lehrreich und spannend. Mal rede ich mit einem Ratsherrn, dann wieder mit einem Schiffskapitän, einem Philosophen, einem

Arzt, einem Geschäftsmann, einem Künstler … aber auch mit einem einfachen Bauern oder Handwerker. Jeden frage ich aus und prüfe ihn. Was ist er für ein Mensch? Ist er oberflächlich? Ist er nachdenklich? Ist er beherrscht? Oder lässt er sich von seinen Leidenschaften beherrschen? Wo sieht er Mängel bei sich und anderen? Was will er verändern? Ist er bereit, an sich zu arbeiten? Ist er sicher, genug zu wissen, oder genügt ihm der Glaube, etwas zu wissen, was er in Wirklichkeit aber nicht weiß?"

„Und du weißt es natürlich."

„Ich? Aber nein! Ich weiß nichts. Ich weiß nur, dass ich nichts weiß. Ich bin vollkommen unwissend. Deshalb frage ich ja, verstehst du?"

„Was gibt es denn da zu verstehen? Es ist lächerlich. Ja, es ist vollkommen lächerlich, dass ein Mann deines Alters sich anderen Leuten aufdrängt, sie neugierig ausfragt und öffentlich bloßstellt."

„Aber ich helfe ihnen, sich selbst zu erkennen!"

„Und was bringt dir das ein?"

Das war die Frage, die kommen musste. Als er gleich darauf abermals zu einer Erklärung über den allgemeinen und persönlichen Nutzen bei der Erkenntnis der Wahrheit ansetzte, unterbrach ihn nur noch ein kurzes Krachen, dem gleich darauf ein zweifaches Quietschen folgte.

Diese Geräusche kannte ich gut. Sie rührten von dem ägyptischen Türschloss her, das schon Sophroniskos angeschafft hatte, nachdem ihm mal Werkzeug gestohlen worden war. Es bestand aus einem schweren hölzernen Riegel mit Schlitzen und eisernen Stiften, die durch einen Schlüssel bewegt wurden.

Mit diesem hatte Xanthippe das Tor in der übermannshohen Mauer zur Straße verrammelt.

„Aber Xantha, was tust du?“, rief Sokrates kläglich.

„Ich helfe dir nur, dich selbst zu erkennen!“, sagte sie zur Antwort.

Das Krachen des Riegels hatte Lamprokles geweckt, der nun laut plärrte. Xanthippe eilte die Treppe zum Gynaikon hinauf.

Sokrates schlurfte in seine Werkstatt und fing an zu hämmern.

Kapitel 6

Er fügte sich also – bis zum nächsten Versuch.

Natürlich hätte er irgendwie entwischen können, zum Beispiel durch die meist unverschlossene Gartenpforte. Aber so unwürdige Schleichwege verachtete er.

Mit der Statue ging es trotzdem nicht recht voran. Onomakles, der Messerschmied, der sich zum Strategen berufen fühlte, schickte täglich einen seiner Haussklaven mit der dringenden Mahnung an Sokrates, das Werk endlich zu vollenden. Der Mann, der den Zorn seines Herrn fürchtete, wurde immer ungeduldiger. Indessen musste Xanthippe ihn abwimmeln. Jedes Mal behauptete sie, der Künstler lege nur eben noch letzte Hand an. Natürlich hielt sie Sokrates hinterher eine Standpauke.

Eines Tages erklärte er: „Den Göttern sei Dank – das Werk ist vollbracht!"

„Was?", rief sie. „Das nennst du vollbracht? Dieses Ungetüm soll ein Achill sein? Der sieht ja noch immer aus, als müsse er sich aus dem Stein erst heraus quälen!"

„Ich lasse ihn unvollendet."

„Unvollendet? Ohne Helm? Ohne Schild? Ohne Bart? Gerade auf seine Bartlocken legt ja Onomakles den größten Wert!"

„Das ist doch nur Beiwerk und stört die Gesamtwirkung."

„Aber wie kannst du nur diesen rohen Brocken als Statue ausgeben! Man nimmt ja kaum wahr, dass er bearbeitet ist."

„Das ist der strenge und karge Stil unserer alten Meister, den ich bevorzuge."

„Ich zweifle, dass dein Auftraggeber diese Vorliebe teilt."

„Man darf nicht zu viel von ihm erwarten."

„Wir erwarten von ihm zweihundert Drachmen!", sagte sie wütend. „Und wir benötigen das Geld dringend. Vergiss nicht, dass wir Schulden haben, Sokrates!"

Er seufzte.

„Wir leben zu üppig, liebe Xanthippe. Das ist es."

„Wir leben wie ganz normale Menschen."

„Es wäre besser, wie Götter zu leben."

„Und wie leben Götter?"

„Bedürfnislos."

„Ich habe mir nie gewünscht, eine Göttin zu sein."

„Versuche es! Je weniger du brauchst, desto göttlicher wirst du. Stark und mächtig wirst du dich fühlen. Du wirst eine Herrscherin sein."

„Eine Herrscherin? Über wen denn?"

„Über deine Begierden und Triebe."

„Wie traurig! Zum Glück bist du auch noch kein Gott."

„Selbstverständlich kann man sich dem Göttlichen nur nähern."

„Darauf verzichte ich gern. Lieber bleibe ich ein Mensch mit Bedürfnissen. Was will ich denn? Was verlange ich schon? Ein paar Kleider in der Truhe, etwas Schmuck für die seltenen Feste, zu Hause ein paar Annehmlichkeiten … Und deshalb brauchen wir dieses Geld! Außerdem kann Onomakles dir nützlich sein. Wird er gewählt, verschafft er dir staatliche Aufträge. Dann arbeitest du in Gold und Elfenbein und kommst zu etwas wie dein Meister Pheidias."

„Der kam in Versuchung."

„Was meinst du damit?"

„Er soll einen Teil des Goldes veruntreut haben."

„Wenn schon! Immerhin wurde er wohlhabend! Du sitzt auf deinen Schulden und näherst dich dem Göttlichen. Wenn du nur einen Funken Verstand hättest, könnten wir auch ein wenig glänzen."

„Du willst also, dass ich dich vergolde. Soll ich dir auch ein paar elfenbeinerne Stoßzähne einsetzen?"

„Das wäre gewiss sehr nützlich. Ab und zu brauchst du ja einen tüchtigen Anstoß."

„Ich bleibe wohl lieber bei meinen Steinen", sagte Sokrates lachend.

„Endlich ein vernünftiges Wort!", entschied Xanthippe. „Aber nun Schluss mit dem Geschwätz. Beschäftige dich mit dem Bart des Achill. Ohne die Locken, auf die er so stolz ist, kauft ihn uns Onomakles nie ab!"

Tatsächlich machte sich Sokrates wieder ans Werk, denn ich hörte ihn eine Weile hämmern.

Derweil saß Xanthippe auf dem obersten Absatz der Treppe, wiegte ihr Söhnchen in den Armen und sang ein Lied. Es war wohl ihr Lieblingslied, denn oft hörte ich, dass sie es sang, und auch mir gefiel es besonders. Immer wenn sie es anstimmte, summte ich mit, und die Arbeit ging besser von der Hand.

„Was soll ich nur mit dir machen,

schwatzhafte Schwalbe, du!
An deinen leichten Flügeln dich packen?
Gibst du denn gar keine Ruh?
Der Liebste erschien mir im Traum,
schwatzhafte Schwalbe, du!
Bei deinem frühen Zwitschern entfloh er,
mit ihm entfloh meine Ruh."

Es war immer wieder erstaunlich, wie schnell bei Xanthippe die Stimmung umschlagen konnte. Gerade noch stritt und zankte sie, und im nächsten Augenblick konnte sie singen und in den zartesten Empfindungen schwelgen. Ebenso ging es aber auch umgekehrt.

Nicht anders an diesem Tag.

Plötzlich schrie sie: „Sokrates! Was ist jetzt wieder los? Warum machst du nicht weiter? Was stehst du da und starrst vor dich hin? Ist dir nicht wohl?"

„Still!", sagte er leise. „Er ist da. Er meldet sich."

„Wer denn?"

„Mein Dämon. Er hat lange nichts von sich hören lassen. Er flüstert hastig … Es scheint, dass er mir etwas Wichtiges sagen will."

„O ihr Götter, jetzt packt es ihn wieder!", rief sie verzweifelt. „Sein Dämon meldet sich. Was diesem verrückten Kerl alles einfällt! Nicht auszuhalten ist es mit ihm! Armes Kind, wie bist du mit einem solchen Vater geschlagen!"

Das war nun in der Tat eine seiner wunderlichsten Eigenheiten. Schon lange waren wir, seine Freunde, daran gewöhnt, dass er auf einmal, oft mitten in der

Unterhaltung, verstummte, erstarrte und anscheinend geistesabwesend in sich hinein horchte. Manchmal brabbelte er dabei vor sich hin. Danach erklärte er dann, sein Dämon habe zu ihm gesprochen und ihm dies oder jenes mitgeteilt. Wir nahmen es heiter, als harmlose Grille, aber es gab auch Leute, die ihn deshalb beargwöhnten und die später, bei seinem Prozess, sogar einen Anklagepunkt daraus machten.

Auch Xanthippe fand sich nicht damit ab, dass sich von Zeit zu Zeit ein Dritter, den sie nicht wahrnehmen konnte, in ihre ehelichen Angelegenheiten mischte.

Sie legte Lamprokles oben in einen Korb und kam rasch die Treppe herab.

„Also der Dämon meldet sich wieder. Eben hattest du dich noch entschlossen weiterzuarbeiten!"

„Ich schon", sagte Sokrates. „Aber er ist leider dagegen."

„Wer?"

„Der Dämon. Er rät mir ab."

„Er rät dir ab?"

„Mit dieser Arbeit hier fortzufahren."

„Ah, sieh einmal an! Wie schlau er ist. Das hätte ich mir ja denken können!"

„Du hättest es dir denken können?"

„Wozu sollte das Possenspiel denn sonst gut sein?"

„Du nennst meine Unterhaltung mit dem Dämon ein Possenspiel?"

„Ein lächerlicher Vorwand ist es! Eine alberne Ausflucht! Eine blödsinnige Erfindung!"

"Vorsicht, Xantha! Du beleidigst den Vertreter der

Götterversammlung."

„Ich bemerke hier niemanden."

„Natürlich nicht! Er ist doch unsichtbar, er ist ja ein Dämon. Ich habe dir doch schon öfter erklärt, wer er ist", entgegnete Sokrates geduldig. „Die Götter schicken ihn mir von Zeit zu Zeit, um ihren Willen kundzutun. Immer dann, wenn ich selbst im Zweifel bin, ob ich auch das Richtige tue. Er ist sozusagen der geheime Botschafter des Olymp. Deshalb tritt er nicht sichtbar in Erscheinung, sondern meldet sich als innere Stimme."

„Bewundernswert – deine Einbildungskraft", sagte sie voll mühsam bezähmter Entrüstung. „Es dürfte einmalig sein, dass sich jemand auf geheime Verbindungen zu den Göttern beruft, um seine Faulheit und Drückebergerei zu entschuldigen!"

„Die Verbindungen sind nicht regelmäßig, doch zuverlässig", erklärte er.

„Und warum spricht dieser Dämon nicht auch mal zu mir?"

„Weil sich Dämonen nur auserwählten Personen nähern."

„Und du bist so ein Auserwählter."

„In aller Bescheidenheit."

Mit solchen Behauptungen war Xanthippe natürlich nicht beizukommen.

„Wie schaffe ich es nur", rief sie, „dass die Götter auch mich mal erhören! Gebete nützen anscheinend nichts. Täglich opfere ich am Hausaltar, hebe die Hände zum Himmel, flehe um Beistand. Aber – nichts! Dabei haben die Götter keine Ahnung. Wüssten sie, dass ihr Auserwählter ein Faulpelz ist, würden sie ihrem Botschafter eine andere Weisung erteilen. Dann würde er dich, was die Arbeit betrifft, tüchtig scheuchen!"

„Keineswegs", erwiderte er überzeugt. „Der Dämon rät immer ab, niemals zu. Er ist ein Warner, kein Antreiber."

„Wie bequem für dich!"

„Bequem? Durchaus nicht. Meist warnt er vor einer zu einfachen Lösung. Wie vor etwas mehr als einem Jahr, als ich mir letztmals die Frage stellte, ob ich noch heiraten sollte oder lieber ledig bleiben. Ich hatte ein Auge auf dich geworfen, zugegeben. Doch ich war unschlüssig, dachte an meine Bequemlichkeit."

Xanthippe stieß ein spöttisches Lachen aus.

„Aber dann packte dich der Ehrgeiz, und du prahltest vor deinen Kumpanen, du würdest das schönste Mädchen Athens erringen."

„Das war nicht mein Ehrgeiz, das war der Dämon. Er hat die Sache in Gang gebracht. Ich hatte ja vorher die größten Zweifel."

„Du hattest Zweifel`"

„Das Rechte zu tun. Die Schönheit stand nun mal in dem Ruf, etwas schwierig zu sein. Zehn Jahre und länger war es nicht möglich gewesen, sie an den Mann zu bringen."

„Das ist ja nicht wahr! Ich hatte so viele Bewerber, dass ich nicht einmal dazu kam, sie zu zählen."

„Weil sie es immer so eilig hatten, sich wieder zurückzuziehen", sagte Sokrates kichernd.

„Nein, weil sie hinaus geworfen wurden wie du!",

rief Xanthippe höhnisch. „Kopfüber auf die Straße!"

„Gewiss", gab er zu, „und die Ahnung, dass das geschehen würde, hat mich eben schon vorher geplagt. Ich ahnte auch, wer hier am Ende befehlen und den Schlüssel bewahren würde."

„Es geschieht ja alles zu deinem Besten, mein Lieber."

„Siehst du. Und diese Ansicht vertrat auch der Dämon. Ich war schon so weit, die Sache aufzugeben. Da plötzlich – es war am Abend vor dem Symposion mit meinen Freunden – machte er sich wieder bemerkbar. Sonst ist er gewöhnlich beherrscht und ruhig, doch an diesem Abend war er ausgesprochen ungehalten. ‚Wie, ein verschrobener alter Junggeselle willst du bleiben? Ein Kostverächter, der sich das Glück des Familienlebens versagt? Willst du, ein Freund des Streitgesprächs, auf die tägliche erfrischende Auseinandersetzung mit einer zungenfertigen Ehefrau verzichten? Traurig und öde wird dein Leben sein, Sokrates!' So warnte er. Und drängte mich also dazu, die unbequemere Lösung zu wählen, nämlich die Ehe."

„Trotzdem scheint er ein bisschen verrückt zu sein", sagte Xanthippe. „Oder zumindest wankelmütig."

„Wie meinst du das?"

„Nun, wenn er damals wollte, dass du heiratest … warum sucht er dann heute zu verhindern, dass du deine Familie ernährst?"

„Er will erreichen, dass ich einen falschen Weg verlasse."

„Und was sollst du tun? Was schlägt er vor? Was

empfiehlt dir der Botschafter des Olymp?“

„Nichts. Wie ich schon sagte, er rät nur ab, niemals zu. Er gibt keine Befehle, nicht einmal Empfehlungen. Er äußert Bedenken, nichts weiter. Und das auch nur in ernsten Fällen.“

„Und das ist alles, was dir die Götter zu bieten haben?“

„Mehr kann man ja nicht von ihnen verlangen. Bei denen ist es wie hier unten bei uns. Wie von jeder Obrigkeit, die zu lange im Amt ist, geht auch von der Götterversammlung kein schöpferischer Anstoß mehr aus. Sie kann nur noch bremsen und Fehler vermeiden, vorwärts Weisendes bringt sie nicht mehr zu Stande. Was zu tun ist, müssen wir selbst herausfinden.“

„Ah! Und hast du vielleicht einen Plan?“

„Er ist im Werden.“

„Großartig! Lass ihn nur gründlich reifen. Inzwischen verschaffst du dir ein bisschen Bewegung mit Hammer und Meißel!“

Xanthippe war mit ihrer Geduld am Ende.

Ohne Sokrates noch einmal zu Worte kommen zu lassen, schrie sie: „Weißt du, wo wir überall Schulden haben? Beim Tuchhändler sechzig Drachmen, beim Kupferschmied fünfundzwanzig, beim Mehlhändler sechzehn, beim Töpfer zwölf, beim Färber und beim Goldsticker je zwanzig … Der Wechsler mahnt, der Vermieter der Tagelöhner für den Weinberg fordert sein Geld, ich brauche ein Festgewand für die Feier der Thesmophorien, ein paar purpurne Tücher aus Byssos, ein Haarnetz, verschiedene Salben … ein neuer Teppich ist unverzichtbar …“

Lauthals und ohne Rücksicht darauf, dass die Nachbarschaft alles mitbekam, fuhr sie fort mit der Aufzählung dessen, was geschuldet und was gebraucht wurde.

Politta kam zu mir und raunte empört: „Nun hör dir das an! Die sechs Drachmen, die sie uns für die schönen Sandalen schuldet, erwähnt sie nicht einmal! Da stecken sie bis zum Halse im Dreck, aber immer das Feinste: Goldstickereien, seidene Tücher, Teppiche … Glaub mir, das nimmt noch ein schlimmes Ende! Um das vorauszusagen, muss man kein Seher sein.“

Kapitel 7

Natürlich war es auch einer so resoluten Frau wie Xanthippe nicht möglich, ihren Ehemann längere Zeit zu Hause festzuhalten.

Ein Bürger Athens hat Pflichten, denen er sich auf die Dauer nicht entziehen kann. Es gehört sich, wenigstens hin und wieder die Volksversammlung zu besuchen, die regelmäßig auf der Pnyx zusammentritt. Damals gab es zwar für die Teilnahme einen Obolus Aufwandsentschädigung, doch das konnte einen Tagesverdienst ja nicht wettmachen. Ein Mann, der für seine Familie das Brot verdienen musste, war nicht im Stande, jedes Mal dort zu erscheinen. Aber wenn wichtige Angelegenheiten beraten wurden – und wichtig war vieles in jenen Jahren der Unsicherheit und der Kriegsgefahr -, dann war es Ehrensache, dabei zu sein, die Reden anzuhören und mit abzustimmen.

Auch Politta stöhnte oft genug, wenn ich in aller Frühe aufbrach, um pünktlich zu sein und nichts zu verpassen. Und es versteht sich, dass vor allem Xanthippe ihren Sokrates lieber zu Hause behalten wollte. Sie wusste ja, dass er bei der Gelegenheit mit seinen Freunden zusammentreffen und kaum vor Mitternacht heimkehren würde. Schon früher, vor seiner Heirat, hatte ich ihn bei solchen Gelegenheiten herausgeklopft, damit wir den langen Weg gemeinsam machten. Nicht anders hielt ich es auch jetzt. Gewöhnlich erhob sich nun nach meinem Klopfen und Rufen hinter der geschlossenen Tür erst einmal ein langer Wortwechsel, und manchmal musste ich ohne

Sokrates losziehen. Doch dann wieder beugte sie sich seiner Hartnäckigkeit. Ich glaube, sie tat das vor allem aus Stolz, denn sie wollte nicht, dass es so aussah, als könnte er sich die Teilnahme an der Versammlung nicht leisten. So ließ sie ihn gehen, nicht ohne ihm freilich hundert Verhaltensmaßregeln mit auf den Weg zu geben. Dann kam sie noch mit auf die Gasse hinaus und rief ihm nach, er solle sich ja nicht betrinken und vor Sonnenuntergang zu Hause sein.

Es war ein paar Tage, nachdem sich sein „Dämon" wieder gemeldet hatte, als wir uns wieder einmal gemeinsam aufmachten. Chairephon, Thukles und andere schlossen sich unterwegs an. Unter munteren Gesprächen erreichten wir die Stadt.

Sokrates war geradezu aufgekratzt. Es war ihm anzumerken, wie erleichtert er war, der unangenehmen Pflicht mal wieder entkommen zu sein. Wie üblich führte er das Wort. Er machte Späße und gab uns Rätsel auf. Die Opanken aus weichem Leder, die ich ihm angefertigt hatte, nahm er gleich in die Hand, er ging lieber barfuß. Das fand er gesünder, und seine Gattin sah es ja nicht. Sie wollte nicht dulden, dass er wie ein Bettler daher kam, doch lange hatte sie ihn überreden müssen, die Füße auf den Schemel zu stellen, damit ich zuschneiden konnte.

„Verzeih, mein Lieber", sagte er, als er sich der Opanken entledigte, „wie du siehst, hast du deine Kunstfertigkeit an einen Unwürdigen verschwendet. Ich hätte dir das erspart, so wie ich mir selber so etwas gern ersparen würde."

Ich verstand natürlich, worauf er anspielte. Es

wurmte ihn, für einen zu arbeiten, den er zu einer gewissen Sorte von Politikern zählte, für die er gewöhnlich nur Spott und Verachtung hatte. So waren ihm solche Leute gerade jetzt besonders zuwider. An diesem Tag war er in einer zwar heiteren, gleichzeitig aber gereizten Stimmung, und man konnte ihm geradezu ansehen, dass er irgendetwas Besonderes vorhatte.

Schon in der Versammlung machte er unentwegt bissige Bemerkungen. Es ärgerte ihn, immer wieder Männer auf die Tribüne steigen zu sehen, die seiner Meinung nach nicht sachkundig waren und die Debatte durch leeres Geschwafel aufhielten. Am meisten missfiel ihm ein gewisser Porphyrios. Das war ein noch junger, ehrgeiziger Mann, von dem allgemein bekannt war, dass er nach den höchsten Ämtern strebte. Lange und ermüdend redete er, wobei er immer wieder gelehrte Zitate einfließen ließ und mehrmals betonte, nach dem Studium bei den berühmtesten Sophisten die gründlichsten Kenntnisse auf allen Gebieten zu haben. Zur Sache hatte er aber sehr wenig zu sagen. Ein Antrag, den sein Gegner einbrachte, wurde mit großer Mehrheit angenommen.

Nach der Versammlung beschlossen wir, noch irgendwo einzukehren. Gemächlich schlenderten wir zum Markt hinüber. Unser Haufen wurde schnell größer, weil von allen Seiten Männer herbeiliefen, um Sokrates zu begrüßen und sich ihm anzuschließen. Vor der Stoa Poikile, der Bunten Halle, bemerkten wir einen Auflauf. Und wer stand dort auf den Stufen und redete auf die Leute ein? Unser Porphyrios! Es war ja üblich, vor Wahlen Stimmen zu fangen, wo und wann immer sich dazu Gelegenheit bot. Im reich gefälteten Mantel, die Haare unter dem Stirnband sorgsam gewellt, hatte er gerade mit seinem Auftritt begonnen.

„… und deshalb, Bürger Athens, bitte ich euch, mir Gehör zu schenken. Was unser Gemeinwesen dringend braucht, sind Männer mit Kenntnissen und Einsichten. Ich werde euch meine Gedanken vortragen …“

„Dürfen wir dir auch Fragen stellen?“

Es war Sokrates, der sich nach vorn drängte und neben Porphyrios auf die Stufen trat.

Man sah dem Redner an, wie wenig es ihm behagte, sich plötzlich dem stadtbekannten, gefürchteten Ausforscher gegenüber zu sehen. Dennoch musste er gute Miene machen, wollte er nicht als feige und hochmütig gelten. Nach kurzem Zögern entschied er sich für freundliche Herablassung.

„Natürlich, mein lieber Sokrates. Natürlich dürft ihr mir Fragen stellen. Ich werde jede gewissenhaft beantworten. Doch warte damit noch und erlaube zunächst, dass ich meine Gedanken über die allgemeine Lage …“

„Sprechen wir doch erst einmal von dir“, unterbrach ihn Sokrates. „Unterhalten wir uns über dich, damit wir dich besser kennen lernen.“

„Nun, ich bin wohl den meisten Athenern bekannt“, entgegnete Porphyrios mit einem etwas gezwungenen Lächeln. „Deshalb brauche ich mich nicht vorzustellen.“

„Bekannt bist du schon“, gab Sokrates zu, „aber noch wissen wir nicht genug über dich. Deshalb fragen wir dich, ob du dich tatsächlich entschlossen hast, Politiker zu werden."

„Ja, dazu habe ich mich entschlossen!", erwiderte Porphyrios, wobei er die Faust ballte und sich reckte. „Und ich bin sicher, die meisten, die uns hier zuhören, wünschen das ebenfalls. Und sie werden mir bei der Wahl ihre Stimme geben!"

Er entblößte die Zähne und lächelte aufmunternd in die Runde. Nicht wenige klatschten Beifall, und er verbeugte ich, winkte und rief: „Danke, Athener, ich danke euch! Wie schön, dass ich auf euch zählen kann! Mögen die Götter euch schützen!"

Als wieder Ruhe eintrat, sagte Sokrates: „Ich frage dich noch etwas genauer. Du beabsichtigst also, an führender Stelle in unserem Staat zu wirken?"

„Ja", sagte Porphyrios ungeduldig, „das habe ich doch gerade bekundet."

„Das heißt, als Schatzmeister oder als Stratege. In einem der einflussreichsten Ämter."

„Ganz recht. Ich stehe für jede Aufgabe bereit. Weil ich befähigt und im Stande bin, jedes Amt auszuüben."

„Das wird sich ja auch bestimmt für dich lohnen."

„Wie meinst du das?", fragte Porphyrios wachsam.

„Nun, du kommst zu Ansehen und Macht. Wo du erscheinst, stehst du im Mittelpunkt …"

„Das bringt eine hohe Stellung nun einmal mit sich."

„Du kannst dir verschaffen, was dein Herz begehrt …"

„Ich habe nur bescheidene Wünsche."

„Kannst deine Verwandten und Freunde versorgen

…“

„Wenn du damit meinst, dass man für die Seinen Verantwortung trägt, stimme ich zu.“

„Der will doch nur sich und seine Sippschaft fett machen!“, rief einer von hinten.

Einige Umstehende zischten ihn nieder.

„Der Nutzen, den dir ein solches Amt bringen wird, ist also nicht unerheblich“, stellte Sokrates fest. „Prüfen wir aber jetzt einmal, wie es umgekehrt ist. Welchen Nutzen hat das Gemeinwesen nun von dir?“

„Einen beträchtlichen, lieber Sokrates“, erklärte Porphyrios selbstgefällig. „Ich werde dem Staat mein Bestes geben. Meine Kenntnisse und meine Einsichten … alles wird ihm ja zur Verfügung stehen.“

„Hast du denn Kenntnisse, die er brauchen kann?“

„Ich habe mich bei den bedeutendsten Gelehrten gebildet. Ich besitze ein umfassendes Wissen.“

„Wie schön. Dann verstehst du gewiss auch etwas von Landwirtschaft.“

„Von Landwirtschaft?“

„Ein sehr wichtiges Wissensgebiet.“

Porphyrios lachte auf.

„Verzeih! Ich beabsichtige, eine Stadt von zweihunderttausend Einwohnern zu regieren. Kühe und Schafe sind hier wohl in der Minderheit.“

Auch seine Anhänger, die in der Nähe standen, lachten und beklatschten den Scherz.

„Aber Kühe und Schafe geben Milch und Wolle“, sagte Sokrates. „Und für die Ernährung der Zweihunderttausend muss die Landwirtschaft das Getreide liefern. Kannst du uns sagen, wie viel Scheffel Gerste pro Jahr wir zusätzlich brauchen, damit endlich die Abhängigkeit von den Einfuhren aufhört?"

„Warum fragst du das?" Porphyrios machte eine lässige Handbewegung. „Glaubst du vielleicht, dass ich solche Zahlen im Kopf habe? Im Übrigen denke ich weiter. Die Gefahr einer Seeblockade wird bald völlig gebannt sein. Ich habe einen großartigen Plan entworfen, den ich auch schon mit Alkibiades abgestimmt habe. Nichts dringlicher wünscht er, als dass ich endlich mit ihm gemeinsam in das Kollegium der Strategen gewählt werde."

„Gut!", sagte Sokrates, „halten wir fest: von Landwirtschaft und Ernährungsfragen verstehst du nicht viel, aber du bist ein vortrefflicher Kenner des Kriegswesens."

„Das ist jedenfalls meine besondere Stärke."

„Ich dagegen habe nicht viel Ahnung davon. Doch in einem Punkt bin ich sicher: dass ein Stratege, der einen Plan ausarbeitet, um gegen feindliche Mächte Krieg zu führen, das Kräfteverhältnis beachten muss."

„Damit hast du vollkommen Recht", erwiderte Porphyrios gönnerhaft.

„Er muss die Kraft seines eigenen Staates und die der Gegner so gut kennen, dass er im Falle der eigenen Überlegenheit zu angemessenen militärischen Maßnahmen raten, im Falle der gegnerischen Übermacht jedoch eine Politik der Vorsicht durchsetzen muss."

„Richtig, richtig!"

„So gib uns, mein lieber Porphyrios, erstens die Stärke des Heeres und der Flotte Athens und zweitens die entsprechenden Zahlen für die Streitmacht unserer Feinde an!“

Einen Augenblick schwieg der Angesprochene betreten. Sein längliches, glattes Gesicht, das eben noch so überlegen gestrahlt hatte, nahm einen leicht törichten Ausdruck an.

„Da fragst du mich hier etwas“, sagte er stockend, „was ich nicht einfach ... so aus dem Gedächtnis beantworten kann. Natürlich habe ich mich erkundigt und mir Notizen gemacht ...“

„So hole sie her! Wir warten, bis du zurückkehrst! Wenn es um etwas so Wichtiges geht wie Krieg oder Frieden, dann wollen wir wissen, ob unsere Politiker gründlich planen oder uns vielleicht etwas vormachen!“

„Genaue Angaben habe ich nicht“, sagte Porphyrios unwirsch. „Ich rette den Staat, weil ich mein Wissen habe und von allgemeinen Erfahrungen ausgehen kann. Man hat ja erlebt, wie sich die Feinde verhalten, welche Strategie sie bevorzugen. Sicherlich gibt es im Kriege immer gewisse Unwägbarkeiten ...“

Unter den Zuhörern kam Unruhe auf.

Einer rief: „So einer will nun Stratege werden!“

Ein anderer: „Warum nicht? Die müssen ja ihre Köpfe nicht hinhalten!“

„Nach deren Plänen“, schrie ein Dritter, „musste schon mancher arme Hund ins Gras beißen!“

Andere nahmen die Partei des Porphyrios.

„Was reißt ihr das Maul auf? Versteht ihr denn etwas davon?“

„Schlechte Absichten kann man ihm nicht unterstellen!“

„Kennt ihr vielleicht bessere Politiker? Die meisten sind doch Diebe und Dummköpfe!“

„Mitbürger!“, rief Porphyrios. „Ihr kennt mich! Mir liegt nur eines am Herzen: das Wohl der Stadt. Die Götter sind Zeugen, dass ich nur dies und nichts anderes erstrebe!“

„Wenn du das Wohl der Stadt willst“, ließ sich Sokrates wieder vernehmen, „dann willst du doch gewiss ihren Reichtum mehren.“

„Natürlich, das ist meine Absicht!“, erwiderte Porphyrios mit einem trotzigen Lächeln. „Das Wachstum des allgemeinen Wohlstands ist die Grundlage jeder gesunden Politik!“

„So halten wir fest, dass du zwar nichts vom Kriegswesen verstehst, aber ein heißer Anwärter auf das Amt des Schatzmeisters bist.“

„Ich bemerkte schon, dass ich jedes Amt ausüben kann.“

„Vortrefflich! Dann wirst du uns sicher verraten, wie du es anstellen willst, für einige der versiegenden Quellen unserer Staatseinnahmen Ersatz zu schaffen. Außerdem wirst du die Absicht haben, verschiedene überflüssige Ausgaben zu streichen. Ist das richtig?“

„Ich versichere dir, dass ich alles Nötige tun werde.“

„Etwas genauer, wenn es geht. Nenne uns doch mal die einzelnen Posten.“

„Willst du etwa schon wieder Zahlen hören?“, fragte Porphyrios, dem der Schweiß in Bächen von der Stirn rann.

„Du musst doch Berechnungen angestellt haben“, erwiderte Sokrates mit argloser Miene. „Sonst könntest du uns ja nicht das Wachstum unseres Wohlstands versprechen."

„Verlass dich darauf, dass ich gründlich zu Werke gehe! Aber es würde doch wohl zu weit führen, wollte ich hier jede Einzelheit ausbreiten. Bedenke, unser Staat besteht aus mehr als zehntausend Haushalten, und es ist eine schwierige, ja gewaltige Aufgabe, für alle zugleich zu sorgen!"

„Da stimme ich dir vollkommen zu", sagte Sokrates listig. „Aber bist du nicht auch der Ansicht, dass einer, der schon seinen eigenen Sack voll Gerste nicht tragen kann, vermeiden sollte, sich zwei aufzuladen oder noch mehrere?"

„Was meinst du damit? Ich verstehe nicht!"

„Ich meine, wenn jemand für zehntausend Haushalte sorgen will, sollte er erst einmal beweisen, dass er im Stande ist, in einem einzigen Ordnung zu schaffen. Um die Lampenfabrik deines Vaters, höre ich, soll es nicht gut stehen …"

„Bei denen gehen die Lampen bald aus!", schrie einer. „Die machen Pleite!"

Porphyrios fuhr zornig gegen den Rufer los.

„Das ist nicht wahr! Das ist eine Verleumdung!"

Wieder gab es Gelächter und höhnische Zurufe.

„Der würde auch den Staat ruinieren!"

„Dann geht auch bei uns die Lampe aus!"

„Ja, wenn ihr den wählt! Eine trübe Funzel, die keinen Schimmer hat!"

„Da hast du etwas angerichtet!", wandte Porphyrios sich voll tiefen Vorwurfs an Sokrates. „Die Fabrik meines Vaters geht mich nichts an, ich kümmere mich gar nicht um sie. Bei Zeus, ich bemühe mich hier um Vertrauen … kämpfe um jede Stimme … bin bereit, mein Bestes zu geben, um Missstände in der Stadt zu beseitigen … setze meine ganze Kraft ein, damit Athen seinen alten Glanz zurückbekommt …“

„Daran habe ich ja keinen Zweifel“, sagte Sokrates fröhlich. „Aber nimm nun einmal an, mein lieber Porphyrios, da ist ein Kranker, er ruft um Hilfe. ‚Einen Arzt, einen Arzt, ich habe furchtbare Schmerzen!‘ Du trittst heran. ‚Keine Angst, ich helfe dir!‘ ‚Bist du auch Arzt?‘, fragt der Kranke argwöhnisch. ‚Aber gewiss doch!‘, erwiderst du. ‚Hab nur Vertrauen, ich gebe mein Bestes! Mit der Heilkunst hab ich mich zwar nicht befasst … hab auch nie einen Arzt als Lehrer gehabt … vom Schneiden und Brennen verstehe ich nichts … hab nie zur Ader gelassen, nie einen Bruch gerichtet … weiß nicht, was man mit Salben und Kräutern behandelt … kann nicht mal einen Verband anlegen … Trotzdem rate ich dir: Vertrau dich mir an! Du wirst schon sehen, wie schnell du geheilt wirst!‘“

Von allen Seiten erscholl Gelächter. „Totgeheilt!“, wurde geschrien.

Wir konnten uns lange nicht beruhigen.

Porphyrios aber gab noch immer nicht auf.

„Männer! Warum fallt ihr auf solchen Unsinn herein? Ihr wisst doch, wer Sokrates ist: ein Schwätzer, der sich gern wichtigmacht! Was für ein lächerlicher Vergleich! Was haben Politiker und Ärzte gemeinsam? Als ob es beim Lenken eines Staates auf ein paar Handgriffe und ein paar Pülverchen ankäme! Ein Politiker ist auch kein Wechsler, der unentwegt Zahlen in seine Wachstafel ritzt und nichts weiter im Kopf hat als Gewinn und Verlust. Was er benötigt, ist etwas anderes: höhere Gaben und höhere Einsichten! Denn den Staat zu lenken, Bürger Athens, ist eine Kunst – es ist überhaupt die größte von allen!"

„Einverstanden!", rief Sokrates. „Auch ich bin der Meinung, es gibt keine größere Kunst! Nun sage mir aber, mein Teurer, wenn es so große Künste gibt, dann muss es doch wohl auch kleine geben."

„Was soll denn das nun wieder?", fragte der gereizte Porphyrios misstrauisch.

„Nun, eben kleine Künste, mehr oder weniger unbedeutende, in ihrer Wirkung folgenlose, die nur zur Zerstreuung gut sind … Gibt es die?"

„Natürlich gibt es die. Aber warum …"

„Ah, dort sehe ich einen Flötenspieler!"

Sokrates winkte einem Straßenmusikanten, der mit zwei Gefährten, die Klappern und Trommeln in Händen hielten, in der Nähe der Halle stand und gerade loslegen wollte. Der hagere Lockenkopf versicherte sich durch ein Zeichen, dass er auch wirklich gemeint war, und kam heran.

„Sind wir uns einig", sagte Sokrates zu Porphyrios, „dass dieser Mann hier eine kleine Kunst ausübt? Nur Unterhaltung? Ein bisschen Ohrenschmaus?"

„Meinetwegen. Aber willst du uns jetzt noch mit Flötenspiel aufhalten? Die Leute hier sind zusammengekommen, um mich sprechen zu hören!"

„Vielleicht wollen sie dich auch blasen hören."

„Wie?"

„Gib uns doch mal deine Flöte, mein Freund, sei so

gut“, wandte sich Sokrates an den Musikanten. Der zögerte einen Augenblick, doch das biedere Lächeln nahm ihm sein Misstrauen und er reichte ihm den Aulos.

Sokrates nahm ihn dankend und hielt ihn dem Porphyrios hin.

„Willst du uns nicht etwas Nettes vorspielen?“

„Ich?“

„Nur ein einfaches kleines Stück.“

„Aber ich kann gar nicht Flöte spielen.“

„Versuch es nur. Mut!“

„Was soll dabei herauskommen?“

„Spiel etwas Leichtes. ‚Eros, schüttel dein goldenes Haar‘ oder ‚Junge, bring mir den Becher‘!“

Sokrates spitzte die Lippen und pfiff ihm eine Melodie vor.

Das längliche, glatte Gesicht des Porphyrios verzog sich zu einem gequälten Lächeln. Seinen Ärger hinunter schluckend nahm er die Flöte. Hundert Augenpaare waren auf ihn gerichtet. Er zögerte noch einen Atemzug lang, aber dann dachte er wohl, er könnte mit einem kräftigen Spaß die Stimmung wieder zu seinen Gunsten wenden.

Er setzte die Flöte an die Lippen, blies in das dünne Doppelrohr und entlockte ihm ein paar kreischende Misstöne.

Wieder war das Gelächter groß. Porphyrios stimmte selbst ein und lachte am lautesten.

„Nun, glaubst du es jetzt?“

Sokrates verzog keine Miene.

„Du hast es wohl nicht gelernt?“, fragte er ernsthaft.

„Scharfsinnig erraten!“, erwiderte Porphyrios, immer noch lachend, aber sichtlich auch angespannt. „Nein, das habe ich nicht! Mein Musiklehrer hat es mir leider nicht beigebracht.“

„Und weil du es nicht gelernt hast, kannst du also die Flöte nicht spielen.“

„Nein!“, schrie der andere.

Sokrates nickte, als hätte er jetzt erst verstanden, und gab dem Musikanten die Flöte zurück.

„Ach, spiel du uns doch mal ein Stückchen!“

Porphyrios hob seufzend die Arme und blickte Hilfe suchend um sich.

Der Flötenspieler, erfreut über so viel ungewohnte Aufmerksamkeit, zögerte keinen Augenblick und spielte sehr hübsch eine kleine Weise. Wir Zuhörer klatschten ihm kräftig Beifall.

Sokrates, der entzückt, mit geschlossenen Augen gelauscht hatte, sagte: „Wahrhaftig, der hat es gelernt!“

„Jetzt habe ich aber mal an dich eine Frage!“, stieß Porphyrios heftig hervor.

„Nun?“

„Wozu das Geflöte? Sind wir hier, um Späße zu treiben, oder wollen wir ein ernstes Gespräch führen?“

Sokrates lächelte.

„Hast du immer noch nicht begriffen?“

„Begriffen? Was denn?“

„Die kleine Kunst, das Flötenspiel, muss gelernt sein. Die große Kunst, den Staat zu regieren ...“

Er blickte Porphyrios pfiffig an.

Einen Augenblick lang schien alles ringsum zu erstarren. Dann erhob sich ein Riesengelächter. Sogar die Säulen der Halle schienen vor Vergnügen zu wackeln.

Porphyrios wollte noch etwas sagen, konnte sich aber nicht mehr durchsetzen. Auf einmal kamen Äpfel geflogen. Er riss schützend den Arm hoch. Auch eine Handvoll Sand traf ihn und … war das Hundedreck?

Der verhinderte Redner raffte den Mantel, drängte sich zwischen den Männern hindurch und entfloh.

Fröhlich kehrten wir in eine Schänke ein. Gesprächsstoff gab es genug, und es wurde noch ein sehr lustiger Abend. Sokrates war natürlich der Mittelpunkt.

Was Porphyrios betraf, so verzichtete er bei den nächsten und allen kommenden Wahlen auf eine Bewerbung. Auch die Rednertribüne auf der Pnyx bestieg er seit jenem Tag nur noch selten. Wenn er es doch tat und seine Rede beginnen wollte, waren stets einige zur Stelle, die schrien: „Warum bläst du nicht lieber die Flöte, Porphyrios?“

Damit hatte er auch seinen Spitznamen weg. Wenn sich jemand nach ihm erkundigte, hieß es: „Welcher Porphyrios? Ach, *die Flöte* …“

Kapitel 8

Xanthippe erfuhr erst am nächsten Morgen, was ihr Gatte auf dem Markt wieder „angestellt" hatte.

Als wir weit nach Mitternacht heimwärts schwankten, hatte sie das Tor verschlossen, und Sokrates kam nicht mehr in sein Haus. Also nahm ich ihn mit zu mir, und in meiner winzigen Schusterwerkstatt, dem Verschlag an der Mauer, betteten wir uns auf einer Matte. Natürlich schliefen wir bis in den hellen Tag. Politta, stets rücksichtsvoll, weckte uns nicht. Erst laute Stimmen auf der anderen Seite der Mauer ließen uns beide fast gleichzeitig hochfahren.

Es war nicht zu überhören, dass Leukippe zu Besuch gekommen war, Xanthippes ältere Schwester. Wir staunten nicht schlecht, als wir hörten, was sie erzählte. Unter dem Vorwand, ein harmloses Gespräch führen zu wollen. habe Sokrates die Menge tags zuvor gegen einen Freund ihres Gatten, den Porphyrios, aufgehetzt. Dieser sei daraufhin von dem entfesselten Pöbel durch die Straßen gejagt worden. Mit schrillen Tönen habe ein Flötenspieler die Menge zusätzlich aufgepeitscht. Nur durch ein Wunder, wollte Leukippe wissen, sei Porphyrios dem Tode entronnen.

„Wer hätte gedacht", schloss sie seufzend ihren Bericht, „dass es mit Sokrates so weit kommen würde. Wiegelt die Leute auf gegen ehrenwerte Männer! Man schämt sich ja, mit ihm verwandt zu sein!"

Sokrates machte ein betroffenes Gesicht und wollte sogleich hinüber eilen und alles richtig stellen. Aber ich hielt ihn zurück.

In diesem Augenblick nahm Xanthippe das Wort, und da bekam er etwas zu hören, was er wohl kaum erwartet hatte.

„Du übles Klatschweib!“, legte sie los. „Was du da gerade erzählt hast, ist von Anfang bis Ende erlogen! Sokrates und die Leute aufwiegeln? So etwas fiele ihm nicht im Traum ein! Er unterhält sich mit ihnen, um sie zu prüfen und ihnen auf den Zahn zu fühlen. Weil ja die meisten Betrüger und Angeber sind. Dazu braucht einer Verstand, er darf kein Hohlkopf sein wie dein Mann! Hundert Mal mehr hat er unterm Dach als dein Aristarch und seine Freunde, die albernen Gecken, zusammen! Und du? Solltest stolz sein, dämliches Stück, dass du einen so klugen und achtbaren Schwager hast! Aber was tust du? Du ‚schämst‘ dich! Verbreitest über ihn Lügengeschichten …“

So ging es noch eine Weile weiter. Ich sah Sokrates von der Seite an. Er hielt den Kopf geneigt, lauschte andächtig. Seine Kugelaugen traten noch mehr hervor als gewöhnlich und glänzten vor Freude. Die gefalteten Hände auf die Brust gepresst, wagte er kaum zu atmen.

Nebenan gab Leukippe heftige Widerworte, und bald war ein wildes Gezänk im Gange. Beinahe kam es zu Handgreiflichkeiten. Offenbar waren die beiden Schwestern sich nicht gerade in Liebe zugetan. Sie überhäuften einander mit allen möglichen Vorwürfen, die mit dem Anlass des Besuchs bald nichts mehr zu tun hatten. Lamprokles fühlte sich gestört und fing an zu plärren. Und als Leukippe bemerkte, das Balg sei ja hässlich wie sein Vater und schon ein ebensolcher

Quälgeist, gab Xanthippe die letzte Zurückhaltung auf. Sie höhnte, die andere sei ja nur neidisch, weil kinderlos, aber dafür gebe es eine Erklärung: Es könne ein Esel wie Aristarch mit einer Ziege wie Leukippe nun einmal keine Nachkommen zeugen.

Damit endete der Besuch. Leukippe stieß einen Schrei der Empörung nach dem anderen aus und trat den Rückzug an. Das sei nun der Dank – Beleidigungen! Nie wieder werde sie sich auf den weiten Weg machen, zeterte sie, um ihre Schwester zu warnen und aufzuklären.

Als wir uns auf die Zehenspitzen stellten und über die Mauer lugten, sahen wir nur noch den mächtigen Bausch, der sich unter dem Gürtel auf Leukippes breitem Hintern wölbte. Eine Dienerin mit Sonnenschirm, die sie begleitete, wie es der Anstand verlangte, folgte ihr.

Wütend schlug Xanthippe hinter ihnen die Tür zu.

Sokrates wäre am liebsten gleich über die Mauer geklettert, um seine Frau zu umarmen. Doch ich hielt ihn auch jetzt noch zurück. Keineswegs teilte ich seine Ansicht, Xanthippe habe ihre Meinung geändert, werde ihn liebevoll empfangen und von nun an immer verständnisvoll sein.

Wir berieten eine Weile im Flüsterton, und schließlich brachte ich ihn dazu, sich seinem Haus von der Straße zu nähern. Sie musste ja nicht unbedingt wissen, dass wir gelauscht hatten und dass Sokrates Zeuge ihres Auftritts geworden war, den sie wohl lieber vor ihm verborgen hätte. Als erfahrener Ehemann wusste ich: Die Frauen haben nun einmal gern Geheimnisse vor uns, und sie mögen nicht, dass man ihnen auf die Schliche kommt.

Was den Empfang betraf, so sah ich mich nicht getäuscht. Es gab das übliche Gewitter, das auf ihn niederging, wenn er die Nacht über fort gewesen war. Sie nannte ihn einen verantwortungslosen Herumtreiber, einen verkommenen Trunkenbold, einen Quatschkopf, der sich noch einmal um seinen Hals reden werde. Und sie fügte hinzu, sie wisse schon, was er sich tags zuvor geleistet habe, es sei bereits Stadtgespräch. Sokrates kam erst gar nicht dazu, sich zu rechtfertigen.

So blieb ihm nichts anderes übrig, als wieder an seine ungeliebte Arbeit zu gehen. Ich hörte ihn hämmern, lustloser als je zuvor. Und auch der Sklave des Auftraggebers verschonte ihn nicht mit seinem Besuch.

Ein paar Tage später, eines Nachmittags, erschien Onomakles sogar selbst.

Wer kannte ihn nicht, diesen beleibten, grobgesichtigen Polterer! Er hatte die Finger in jedem Brei, rührte überall kräftig mit. Gerade hatte er neben der Messerschmiede noch eine Werkstatt aufgemacht, in der Helme und Schilde hergestellt wurden. Er besaß mehrere Häuser in Athen, Anteile an den Silberminen von Laureion, ein paar hundert Sklaven. Einer wie er war gewöhnt, dass seine Wünsche beflissen erfüllt wurden. So war er natürlich sehr unzufrieden mit dem, was Sokrates seit seinem letzten Besuch zu Stande gebracht hatte.

Lange redeten sie hin und her, auch Xanthippe

mischte sich ein. Alles bekam ich nicht mit, weil ich selbst gerade Kunden bediente. Sokrates, der den Auftrag so schnell wie möglich vom Hals haben wollte, suchte Onomakles schlau dafür einzunehmen, ihn statt als Achilleus lieber als Herakles darzustellen, als einen noch gewaltigeren Helden. Deshalb wollte er auf Beiwerk und Einzelheiten verzichten, die den Betrachter nur ablenken würden, und die kraftvollen Körperformen des Onomakles-Herakles dadurch hervorheben, dass er den Stein größtenteils in seinem natürlichen Zustand beließ.

Aber mit diesem Vorschlag stieß er auf taube Ohren. Onomakles hatte entschieden etwas dagegen, dass die unförmige Fleischmasse, die er im Leben war, auch noch in Stein verewigt wurde. Nein, er wollte ein schlanker Achill sein, und auf Helm und Schild zu verzichten lehnte er als Besitzer einer Werkstatt für Helme und Schilde schon aus Geschäftsgründen ab. Im Übrigen sei Achill ein Kriegsheld, Herakles aber nur ein Abenteurer gewesen. Ein neuer Waffengang werde vorbereitet, und wer zum Strategen gewählt werden wolle, müsse sich ein entsprechendes Ansehen geben.

Sokrates sah sich damit als Mann der öffentlichen Meinungsbildung herausgefordert. Er bestritt, dass ein neuer Kriegszug bevorstehe, da die Volksversammlung ihn nicht genehmigen werde. Onomakles konnte darüber nur lachen: Was zähle denn die Volksversammlung, auch wenn sie laut Gesetz die Entscheidung habe!

Nun suchte Sokrates ihn zu prüfen. Doch das Bekenntnis, dass er ein selbstgefälliger Maulheld und Gernegroß sei, ließ sich Onomakles nicht entlocken. Er war kein Porphyrios, und es gab keine Zuhörer, denen er sich anbiedern musste. Seine Wahrheit war überaus einfach. Krieg musste sein, das war vollkommen klar, sonst würden ja nicht Dolche, Helme und Schilde gebraucht. Und die Männer, die den Beschluss dazu fassen und die Versammlung dann überzeugen würden, ließen sich kaufen. War es nicht teuer, ein großes Haus zu führen? Hunderte Gäste zu beköstigen? Geld und Geschenke zu verteilen? Prächtige Schauspiele zu geben? In Olympia Pferde laufen zu lassen? Glücklich ein Mann wie Alkibiades, doch beliebt war er nur, solange er freigebig war – Herr Demos, das Volk, gab dem die Macht, von dem er am besten bewirtet wurde. Das hatte schon Aristophanes im Theater gezeigt. Der Mächtige brauchte seine Gönner, laute oder stille, je nachdem. Und das Geld, das er ausgab, war gut angelegt. Es würde sich wundersam vermehren, und nur das war es ja, worauf es ankam.

Onomakles redete sich in Schwung, während Sokrates immer schweigsamer wurde. Selbst Xanthippe verschlug es die Sprache. Schließlich wurde der Besucher von einem seiner Begleiter zum Aufbruch gemahnt, es warteten dringende Geschäfte. Noch einmal ging es nun um das Standbild, und Xanthippe bat um einen letzten Aufschub. Da sagte Onomakles, das ließe sich machen, vorausgesetzt alle Wünsche würden berücksichtigt. Er wolle nun einmal gern Stratege werden, sei es auch nur, um von den zehn

Männern, die im Kollegium säßen, hinfort nur noch neun bestechen zu müssen. Schallend belachte er diesen Scherz. Bedauerlich, fügte er beim Fortgehen hinzu, dass man als Anwärter auf das Amt dem Pöbel zum Munde reden und ihm durch Bildwerke, die ja im Grunde ganz nutzlos seien, auffallen müsse. Und dann mahnte er noch, auch ja seine Bartlocken schön und regelmäßig herauszuarbeiten, seine Stirn so breit wie die des Themistokles und seine Nase etwas gerader und der des Perikles ähnlich zu machen.

An diesem Tag vernahm ich nur noch wenig von jenseits der Mauer.

Sokrates schwieg, und es war auch kein Hammerschlag zu hören. Xanthippe beschäftigte sich mit dem Kind und scheuchte ein wenig die Dienerin. Die Stimmung schien sehr gedrückt zu sein. Erst am nächsten Morgen, als sie unter dem Olivenbaum saßen, tat Sokrates wieder den Mund auf.

„Ich möchte dich etwas fragen, Xantha. Bitte antworte mir ohne Umschweife. Lass mich deine ehrliche Meinung wissen."

„Als ob du jemals von mir etwas anderes gehört hättest", antwortete sie mürrisch. „Was willst du?"

„Bist du nicht auch der Ansicht, dass ein bildnerisches Kunstwerk bestimmte Empfindungen im Betrachter hervorrufen soll?"

„Ich denke, es soll das Auge erfreuen."

„Gewiss. Aber soll es, indem es das tut, nicht auch edle Regungen auslösen?"

„Vielleicht … ja, das soll es wohl."

„Wenn es so ist, dann muss es doch edel und schön

gestaltet sein."

„Muss es wohl."

„Und es versteht sich von selbst, dass es auch wahr sein muss."

„Was heißt das: ‚wahr'?"

„Nun, dass es die Wahrheit über seinen Gegenstand ausdrückt."

„Und weiter? Was noch?"

„Der Gegenstand, den es abbildet, muss also ebenfalls edel und schön sein."

„Ist das notwendig?"

„Wenn das Abbild edel und schön ist, das Modell aber roh und hässlich und schlecht … dann ist das Kunstwerk doch nicht mehr wahr."

Xanthippe seufzte.

„Wenn du jetzt damit sagen willst …"

„Ich meine, dann ist es doch ein Betrug. Eine Fälschung!"

„Also gleich eine Fälschung …"

„Und der Hervorbringer dieses Werks ist ein Fälscher."

„Aber …"

„Ein Fälscher ist ein Verbrecher."

„Was?"

„Ich bin ein Verbrecher."

„Du? Wieso denn?"

„Weil ich ein hässliches, rohes Modell zu einem schönen und edlen Abbild verfälsche."

„Du sprichst von Onomakles?"

„Einen Achill aus ihm zu machen. Den edelmütigsten aller Griechenhelden! Aus diesem Ungetüm!"

„Ich gebe ja zu, dass er nicht gerade anziehend ist“, sagte Xanthippe in beschwichtigendem Ton und bemüht, die Erregung ihres Gatten zu dämpfen. „Aber ich meine, wenn sich ein Künstler nur an die Wirklichkeit hält, ist es ihm ganz unmöglich, ein vollkommen edles Abbild zu schaffen. Es gibt doch immer einiges, was nicht ganz stimmt.“

„Ich bin vollkommen deiner Meinung!“, rief Sokrates.

„Da müsste man sich ja erst Menschen schaffen, die vollkommen edel und schön sind.“

„So ist es! Du sprichst aus, was ich denke, Xantha! Ich bewundere deine geistige Klarheit, die Schärfe deiner Schlussfolgerung. Zuerst muss man den Menschen bilden! Das ist die dringlichste, die wichtigste Aufgabe! Erst wenn man den Menschen selbst veredelt, kann man ein vollkommen schönes und edles Abbild schaffen, das dennoch wahr ist. Nimmt man ihn aber so roh und gemein, wie er ist, dann muss auch das Abbild roh und gemein sein, es muss so abscheulich, so grauenhaft, so entstellt sein wie die Seele desjenigen, den es zeigt, und deshalb ...“

„Was tust du, Sokrates?“, schrie Xanthippe.

Er hatte die Worte „und deshalb ...“ in einer für ihn ganz ungewöhnlich heftigen Weise hervorgestoßen.

Ich sprang auf und reckte den Hals und sah ihn auch schon den Hammer schwingen. Sah, wie er unter dem Strohdach seiner Werkstatt auf die Statue einschlug.

„Da hast du die Nase des Perikles!“, rief er.

Der Hammer krachte in das Marmorgesicht und

schlug ein Loch an die Stelle der Nase. Steinsplitter flogen beiseite.

„Da hast du die Stirn des Themistokles!"

Das Eisen sauste wieder herab und hinterließ in der Wölbung der Stirn eine Kerbe.

„Da hast du deinen gelockten Bart!"

Xanthippe, die hinzu geeilt war, versuchte, dem Wütenden in den Arm zu fallen. Aber vergebens, er ließ sie nicht an sich heran, und sie musste sich vor dem schwingenden Hammer in Sicherheit bringen.

Wohl an die fünfzehn, zwanzig Mal schlug Sokrates zu, dann hielt er inne.

Die Statue war übel zugerichtet. Der marmorne Held war über und über mit Schrammen und Schrunden bedeckt. Sokrates trat zurück und musterte mit einem zufriedenen Lächeln sein Werk.

„So kommen wir der Wahrheit schon näher! Meinst du nicht auch, Xantha, dass die Ähnlichkeit mit Onomakles jetzt viel größer geworden ist? Es ist mir gelungen, die Krater und Abgründe dieser hässlichen Seelenlandschaft an die Oberfläche zu bringen. Ich wusste doch immer, dass etwas nicht stimmte."

„Du musst von Sinnen sein", stöhnte Xanthippe. „Drei Monate hast du daran gearbeitet!"

„Und ich bereue es nicht!", rief er fröhlich. „Für einen schöpferischen Augenblick wie diesen lohnte es sich, eine Weile zu schuften!"

Selten habe ich ihn, weder vorher noch nachher, so wütend und entschlossen gesehen wie bei der Zerstörung dieser Statue. Er war ja eher ein sanfter Charakter, gewöhnlich ausgeglichen, heiter, freundlich und umgänglich. Doch in entscheidenden Augenblicken bewies er stets, dass sich dahinter Kraft, Mut und Festigkeit verbargen. In meinem ganzen Leben habe ich niemanden kennen gelernt, der einem bestimmten Weg, den er früh als den rechten erkannt hatte, mit solcher Beharrlichkeit und Sicherheit gefolgt war, rücksichtslos gegen sich und andere, bis zur Selbstzerstörung. In der Zeit kurz vor und nach seiner Heirat hatte er noch einmal einige Zugeständnisse an die Anforderungen eines „geordneten" Lebens gemacht. Doch war ihm das allmählich immer saurer geworden. Zunehmend schwer trug er an dem Bewusstsein, das Falsche zu tun und das, was er für seine wahre Bestimmung hielt, zu verfehlen.

***

Ein paar Tage nach dem geschilderten Vorfall wurde ich abermals Ohrenzeuge eines Gesprächs zwischen den Eheleuten.

Sokrates hatte seitdem kaum noch gearbeitet und war tagsüber meist unterwegs gewesen. Xanthippe hatte, so schien es, keinen Versuch mehr gemacht, ihn am Verlassen des Hauses zu hindern. Einmal war mir, als hörte ich sie weinen, zum ersten Mal übrigens, soweit ich mich erinnern konnte. Ein andermal sagte sie zu ihrer Dienerin, der alten, schwerhörigen Simike: „Wir werden dich wohl verkaufen müssen. Aber wer wird dich noch haben wollen?"

An jenem Tag nun kam ein Mann aus der Nachbarschaft, dem der Vater gestorben war, und wollte eine

Stele in Auftrag geben. Sokrates war abwesend, und Xanthippe nahm die Bestellung entgegen. Sie verlangte aber nicht, wie es üblich war, eine Anzahlung und wollte sich auch nicht darauf festlegen, dass die Stele nach zwei Monaten auf dem Friedhof sein würde. Der Mann ging ärgerlich fort und sagte, er werde noch bei einem anderen Steinmetzen vorsprechen.

„Recht tatest du, Xantha!", sagte Sokrates, als er gegen Abend nach Hause kam. „Ich habe genug von den Steinen, damit ist es vorbei. Das war nie ein Beruf nach meinem Geschmack."

„Ich weiß, was nach deinem Geschmack ist", sagte Xanthippe bitter und vorwurfsvoll. „Und wie soll es nun weitergehen? Wie wollen wir künftig leben?"

„Keine Sorge, es kommt schon Rat. Ich werde ja nicht untätig sein."

„Der Mann soll den Beruf seiner Vorfahren ausüben."

„Das stimmt. Und das werde ich auch tun."

„Dein Vater war Steinmetz."

„Auch meine Mutter hatte einen Beruf."

„Deine Mutter?" Xanthippe lachte spöttisch auf. „Willst du jetzt den Beruf deiner Mutter ergreifen?"

„Ich habe darin ja schon Erfahrung."

„Was? Sie war Hebamme!"

„Eine sehr gute übrigens. Ihr nachzueifern ist eine große Verpflichtung."

„Bist du jetzt vollkommen übergeschnappt?"

„Weil ich als Mann diesen schönen Beruf wähle? Warum sollen nur Frauen die Hebammenkunst beherrschen? Allerdings übe ich sie auf eine besondere

Art aus. Ich hole mit ihrer Hilfe die Wahrheit ans Licht."

„Ach ja, die Wahrheit!", höhnte Xanthippe. „Natürlich – die Wahrheit! Was denn sonst?"

„Ja", sagte Sokrates, „die Wahrheit! Sie steckt in uns, und sie muss heraus. Sonst können wir Menschen nicht edler und besser werden. Bei manchen verbirgt sie sich tief drinnen, und es bedarf einiger Mühe, sie hervorzuholen. Das ist tatsächlich wie eine Geburt. Da gibt es Wehen, mal stärker, mal schwächer … der Gebärende drückt, presst … oft schreit er vor Schmerz, wenn die Wahrheit allmählich zum Vorschein kommt. Manchmal liegt sie auch quer, dann muss man sie herausoperieren. Oder es gibt andere Erschwernisse. Da kommt es dann auf die Kunst der Hebamme an."

„Du redest ja irre!", schrie Xanthippe. „Ich habe genug! Ich höre mir das nicht länger an! Ihr Götter, helft uns! Was soll nun werden?" Weinend lief sie ins Haus.

„Etwas sonderbar war er ja immer", sagte Politta später zu mir. „Doch nun wird er wohl richtig verrückt. Mitleid hat sie zwar nicht verdient, aber verstehen kann man sie …"

Kapitel 9

Sokrates blieb bei seinem Entschluss. Er gab die Arbeit als Steinmetz auf und war von da an nur noch der unermüdliche Lehrer, Erzieher und Menschenbildner, als den ihn die meisten von uns in Erinnerung haben.

Die neue Gewohnheit, früh aufzustehen, behielt er bei. Er begrüßte die Sonne, machte sein Tänzchen, aß und trank eine Kleinigkeit und zog dann los. Wenn auch ich dort zu tun hatte, legten wir den Weg in die Stadt gemeinsam zurück. Unser Ziel war gewöhnlich die Agora, der Markt, wo wir uns trennten, nachdem wir uns gegenseitig für unsere Verrichtungen ein gutes Gelingen gewünscht hatten.

Von meinem Stand aus, wo ich Schuhwerk verkaufte und Aufträge für Maßarbeiten annahm, beobachtete ich ihn manchmal. Nie dauerte es lange, bis er mit jemandem ein Gespräch angeknüpft hatte und von einem Haufen interessierter Zuhörer umringt war. Diese waren, wie ich schon einmal bemerkte, vorwiegend junge Leute. Es waren Söhne vornehmer und begüterter Eltern, die viel Muße hatten, weil sie keiner bestimmten Tätigkeit nachgehen mussten. Indem sie sich Sokrates anschlossen, vertrieben sie sich die Zeit und gewannen dabei noch manche nützliche Erkenntnis.

Oft lachte ich in mich hinein, wenn ich ihn so im Kreis dieser jungen Stutzer mit gekräuselten Haaren und sorgsam gefältelten Mäntel sah: untersetzt, etwas rundlich, fast vollkommen kahl, mit struppigem, grauem Bart, in einem einfachen, nicht immer ganz sauberen Kittel und meistens barfuß. Das war schon ein seltsamer Gegensatz, den er aber vollkommen vergessen ließ, wenn man ihn reden hörte. Dann bemerkte man nicht mehr, dass da einer pausenlos und überlegen das Wort führte, der nach seiner äußeren Erscheinung eigentlich demütig schweigen und zuhören musste. Gewiss, ich hörte auch viel Spott über ihn und Unmut über die anmaßende Besserwisserei dieses „Stadtstreichers". Und mancher, der sich für allzu wichtig hielt, zog es vor, einen großen Bogen um ihn zu machen. Wer aber seinen scharfen Verstand nicht fürchten musste, ließ sich gern auf ein Gespräch mit ihm ein.

Der damals schon sehr betagte Sophokles, unser hoch verehrter, berühmter Tragödiendichter, blieb jedes Mal bei ihm stehen, wenn er über den Markt ging, und es kam zu einem geistvollen Wortwechsel. Auch Nikias, der alte Feldherr, dem wir den kurzen, nach ihm benannten Frieden verdankten, unter den damaligen Politikern einer der wenigen mit Vernunft und Augenmaß, war nicht zu vornehm, sich mit Sokrates öffentlich auseinander zu setzen.

Fand er auf der Agora nicht die Gesprächspartner, die er suchte, machte mein Freund und Nachbar sich auf den Weg zu anderen Orten, wo er interessante Leute zu finden hoffte. Fast immer war er dabei von einigen dieser jungen Männer begleitet, die sich als engerer Kreis seiner Schüler verstanden. Kreuz und quer zogen sie durch die Stadt, weil Sokrates niemals einem festen Plan oder Programm, sondern immer der unmittelbaren Eingebung folgte. Mal blieb er vor einem Laden stehen, mal trat er in eine Werkstatt ein, mal verlor er sich an irgendeiner Straßenecke in eine endlose Unterhaltung mit jemandem, dem er dort zufällig begegnete.

Gewöhnlich ging er wohl in die Gymnasien und Palästren, weil er vor allem ja die Knaben und Jünglinge, die sich dort tummelten, mit seinen Lehren erreichen wollte. Ich habe allerdings den Verdacht, dass den alten Genießer noch etwas anderes dorthin zog. Er wird wohl, während er in den Hallen und Wandelgängen die Suche nach Wahrheit und Selbsterkenntnis betrieb, manchen wohlgefälligen, wenn nicht wehmütigen Blick auf die nackten jungen Sportler geworfen haben, die derweil draußen bei ihren Übungen waren.

Und Xanthippe? Was machte sie unterdessen?

Sie hatte zwar die Einsicht gewonnen, mit einem fast nutzlosen Ehemann leben und dabei irgendwie überleben zu müssen, doch fiel es ihr verständlicherweise nicht leicht, sich damit abzufinden. Anfangs spielte sie noch eine Weile die Vornehme und tat so, als sei alles in Ordnung. Wenn jemand nach Sokrates fragte, sagte sie, er gehe Geschäften nach, wobei sie offen ließ, welcher Art diese waren. Politta gegenüber behauptete sie einmal, ihr Vater Neokles sei nun Besitzer zweier Handelsschiffe und mache so viel Gewinn mit Zypressenholz, Kastanien und Mandeln, dass er seine Töchter reichlich beteiligen könne. Das war natürlich dreiste Angeberei. Wie es wirklich stand, hörten wir oft genug, wenn sie die alte Simike auszankte, weil die Dienerin nach ihrer Meinung für Öl und Salz ein paar Obolen zu viel ausgegeben hatte. Oder wenn sie Lamprokles dafür verdrosch, dass er mal wieder einen Topf oder eine Schale aus billigem Ton zerbrochen hatte. Als es ihnen noch besser ging, hatte sie derlei Kleinigkeiten keine Beachtung geschenkt.

Allmählich begann sie dann, Stücke aus ihrer Mitgift zu versetzen. Nicht selten konnte man sie nun beobachten, wie sie – in einen Mantel gehüllt, in der Hand ein Bündel – aus dem Hause eilte. Von Thukles, dem Goldschmied, der trotz des ihr gegebenen Wortes nicht den Mund halten konnte, erfuhr ich, dass sie ihm eine Halskette verkauft hatte.

Eines Abends, in der Dämmerung, sahen wir sie den schönen Mischkrug forttragen, auf dem der schiffbrüchige Odysseus mit Nausikaa dargestellt war. Wenn wir Nachbarn manchmal an Festtagen Sokrates' Gäste gewesen waren, hatten wir um diesen Mischkrug gesessen, und ich hatte mich an der herrlichen Malerei nicht satt sehen können. Dass Xanthippe sich von dem wertvollsten Gegenstand ihres Haushalts trennte, konnte nur ein Zeichen dafür sein, wie ernst die Lage schon war.

Immer seltener saß sie jetzt unter dem Sonnenschirm, vor sich hin träumend und ein Liedchen singend. Am Webstuhl hatte sie schon immer gern gestanden und sogar Decken mit hübschem Würfelmuster zu Stande gebracht. Jetzt musste sie sich auch mehr und mehr zu anderen Arbeiten bequemen. Die alte Simike wurde hinfällig, und eines Tages, als sie mit einem schweren Korb in der Hand vom Markt kam, brach sie mitten auf dem Wege zusammen. Von da an stützte sie sich auf einen Stock und war für manches nicht mehr zu brauchen. Xanthippe knetete nun selber den Brotteig, melkte die Ziege, hackte hinter dem Haus die Gemüsebeete.

Eines Tages erschien sie auch mit der Amphora auf der Schulter zum Wasserholen am Brunnen.

Politta erzählte mir später, sie und andere Frauen aus der Nachbarschaft hätten dort gerade schwatzend beieinander gestanden. Als Xanthippe heran kam, hätten alle sie nur angestarrt. Doch keine wäre vom Rand des Brunnens gewichen, um ihr Platz zu machen.

Da sagte Xanthippe: „Die Dümmste von euch hat ihr Haustor offen gelassen. Es sind ein paar Hühner entkommen, die rennen gerade zum Wald hin."

Darauf rannten die Weiber allesamt mit ihren Krügen so eilig davon, dass ihnen unterwegs das Wasser nur so herausschwappte. Politta blickte sich noch einmal um und sah, wie sich Xanthippe, die Arme in die Seiten gestemmt, vor Lachen bog. Die Tore waren jedenfalls alle verschlossen, und von den rasch gezählten Hühnern fehlte keines. Aber keine der Frauen hatte, zu Hause angekommen, noch Wasser im Krug.

Ich lachte herzlich über diese Geschichte und fragte Politta: „Und habt ihr ihr nun beim nächsten Mal, als sie zum Brunnen kam, Platz gemacht?"

„Haben wir", sagte sie mit widerwilliger Anerkennung. „Dieses Miststück versteht die Weiber zu nehmen. Ein paar Tage später standen wir dort wieder, als sie mit ihrer Amphora herbei stolzierte. Keine rührte sich vom Brunnenrand, und wir flüsterten miteinander und wollten ihr jetzt den Streich heimzahlen. Eine schlug vor, der feinen Dame den Krug zu zerbrechen, eine andere, sie mit dem Kopf ins Wasser zu tauchen, eine dritte, sie zu verprügeln. Doch was geschieht? Sie kommt heran und sagt frech: ‚Wer von euch die Dümmste ist, habe ich leider nicht feststellen können. Aber vielleicht kriege ich heraus, wer die Klügste ist. Was meint ihr?' Und dann steht sie da und sieht uns nur mit ihrem nachtschwarzen Blick der Reihe nach an. Und plötzlich tritt Pamphile zur Seite, lächelt und macht ihr Platz. Und da treten wir anderen auch schnell zur Seite. Alle lachten, und widerwillig musste ich mitlachen. Das war unsere Rache! Dann gingen wir zusammen mit ihr ins Dorf zurück."

So wurde Xanthippe schließlich von einer Fremden und Zugezogenen zur Einheimischen. Bald sahen wir sie auch auf dem Esel zum Weinberg nach Gudi hinausreiten. Simike schaffte es nicht mehr dorthin, und für Tagelöhner war kein Geld da. Eine Zeit lang konnte die alte Dienerin noch helfen, die Wäsche zum Ilissos hinunter zu schleppen, dann trug Xanthippe die schweren Körbe allein. Mit hoch geschürztem Gewand stand sie wie alle anderen Weiber im flachen Wasser, und wenn man zufällig in der Nähe vorüber ging, hörte man in dem Geschnatter ihre Stimme am lautesten.

Wie Sokrates unter den Männern war sie bald unter den Frauen beliebt und gefürchtet. Beliebt, weil sie mit ihrem flotten Mundwerk für Unterhaltung sorgte – gefürchtet, weil ihr keine gewachsen war und jede gewärtig sein musste, einen ihrer manchmal arg verletzenden Spottpfeile abzubekommen.

Wie oft kam Politta nach Hause und beklagte sich:

„Diese Giftschlange! Wie ich sie hasse! Irgendwann erwürge ich sie!“

In die Stadt ging Xanthippe damals noch selten. Was auf dem Markt zu beschaffen war, musste Sokrates mitbringen. Oft kam er nur mit der Hälfte dessen, was sie benötigte und wofür sie ihm Geld gegeben hatte. Dann musste der weise Mann sich seiner Zerstreutheit wegen wie ein Schuljunge ausschelten lassen. Er machte es aber wieder gut, indem er in der großen Tasche seines Wollkittels aus den gastlichen Häusern, in die er geladen wurde, manchen Leckerbissen mitbrachte: mal ein gebratenes Täubchen, mal Honiggebäck, mal seltenes Obst. Allerdings stopfte er sich die Gaben nicht selbst in die Tasche, wie es Gäste solcher Gelage gewöhnlich ganz ungeniert tun. So etwas fand er flegelhaft und ungehobelt. Wenn er etwas mitnahm, hatten es ihm die Gastgeber geradezu aufgedrängt. Die meisten wussten natürlich, dass bei ihm zu Hause sogar die Mäuse darbten.

So vergingen die Jahre. Simike starb schließlich an einer bösartigen Krankheit, die ihr in ihren letzten Lebensmonaten noch schlimme Schmerzen bereitet hatte. Viele jagen ja ihre alten Sklaven einfach davon, wenn sie zu nichts mehr nütze sind. Das tat Xanthippe aber nicht. Sie pflegte die Alte und ließ einmal sogar einen Arzt kommen. Der jedoch beschränkte sich darauf, geschwollene Reden zu führen und dafür noch Geld zu verlangen.

Eine neue Dienerin oder einen Knecht zu erwerben – der Preis lag damals wie heute bei etwa hundertachtzig Drachmen – überstieg längst die Möglichkeiten unserer Nachbarn. Xanthippe musste nun mit ihrer Wirtschaft allein fertig werden.

Schließlich wurde sie wieder schwanger und brachte ein zweites Kind zur Welt. Auch diesmal war es ein Sohn, sie nannten ihn Sophroniskos, nach seinem Großvater väterlicherseits. Er war kräftig wie sein älterer Bruder, und so blieb er wie dieser am Leben. Ein paar Tage nach seiner Geburt trug ihn Sokrates im Laufschritt, wie es sich gehört, einige Male um das Herdfeuer. Damit wurde er in die Gemeinschaft der Familie aufgenommen.

Nach langer Zeit gab es aus diesem Anlass wieder ein Fest, und Xanthippe, die noch immer bemüht war, den Schein zu wahren, bestand auf einer üppigen Tafel. An die dreißig Personen wurden beköstigt, darunter Politta und ich. Es war das letzte große Fest im Hause des Sokrates. Aus den Schulden, in die sie sich dafür stürzten, kamen sie lange nicht heraus.

Kurz darauf passierte die Sache mit dem Goldreif, eine Geschichte, die eigentlich traurig, andererseits aber auch wieder sehr komisch war. Da ich in ihr sogar unfreiwillig mitwirkte, ist sie mir noch recht gegenwärtig, und so will ich sie hier erzählen.

Kapitel 10

An jenem Morgen machten Sokrates und ich uns mal wieder gemeinsam auf den Weg in die Stadt.

„Eines darf ich heute nicht vergessen“, sagte er irgendwann unterwegs, „Ich muss unbedingt den Goldschmied Antiphanes aufsuchen. Hoffentlich zahlt er so viel, wie sie haben will.“

„Du willst etwas verkaufen?“, fragte ich.

Er langte tief in die Tasche seines Kittels und brachte einen goldenen Reif zum Vorschein.

Ich nahm ihn in die Hand und betrachtete ihn. Oft hatte ich ihn am Arm Xanthippes gesehen. Bis zuletzt noch hatte sie ihn getragen, manchmal sogar, wenn sie grobe Arbeiten verrichtete, wohl als ein Stück ihres früheren Lebens. Er war breit und recht schwer und sicher sehr kostbar. In erhabener Arbeit hatte ihn der Künstler ringsum mit den Figürchen von Eidechsen verziert, deren züngelnde Köpfe mal auf der einen, mal auf der anderen Seite über den Rand des Reifs hervorragten. Dazwischen waren Edelsteine in verschiedenen Farben und Größen eingelassen. Beim Drehen des Reifs bemerkte ich, dass einer der Eidechsenköpfe fehlte.

„Es tut mir ja leid“, sagte Sokrates, „vor allem weil es ihr schwer fiel, sich davon zu trennen. Andererseits ist es ja eitler Tand. Meinst du, dass Antiphanes dreihundert Drachmen dafür herausrücken wird?“

„Wie soll ich das wissen?“, sagte ich. „Was versteht ein Schuster von solchen Dingen. Der Reif ist ein bisschen beschädigt, doch das wird seinen Wert wohl nur wenig mindern. Warum gehst du mit ihm nicht zu unserm Freund Thukles?"

„Sie will es nicht", erwiderte er seufzend. „Ihrer Meinung nach ist er ein Knauser, und sie befürchtet, ich würde zu nachgiebig sein, wenn er weniger bietet. Falls Antiphanes den Preis nicht zahlen will, soll ich es noch bei Peison versuchen."

„Die beiden gelten als ehrliche Männer."

„Schon möglich", sagte Sokrates, während er den Reif wieder in der Tasche versenkte. „Aber ich werde sie vorher ein bisschen prüfen, zur Sicherheit. Wenn sie tatsächlich Vertrauen verdienen, brauche ich nicht mit ihnen zu feilschen. Das ist doch unwürdig, das erspare ich mir."

Als wir uns etwas später trennten, sagte ich: „Nun, dann viel Glück mit dem Goldreif. Und achte auf Diebe. Seit die Kriegsflotte wieder im Hafen liegt, vermehren die sich wie Flöhe und Wanzen."

„Man müsste etwas für sie tun", meinte Sokrates bekümmert. „Keine Beschäftigung ist nicht gut für die Seele."

„Übrigens werde ich nachher deinen Schwiegervater Neokles aufsuchen", sagte ich noch, „hoffentlich treffe ich ihn heute an. Ich habe die Stiefel fertig, die er neulich bei mir bestellt hat."

„So wünsche ich dir, dass du ebenfalls Glück hast", sagte Sokrates, der von Neokles nicht allzu viel hielt, „und dass du für deine Arbeit gerechten Lohn erhältst."

Um das Letztere war ich selber besorgt. Bei der Feier zur Geburt des Kindes hatte Neokles mit mir ein Gespräch angefangen und sich nach meinen Preisen erkundigt. Offensichtlich war ihm mein Angebot günstig erschienen, und er hatte ein Paar Schnürstiefel bestellt. Noch am selben Tag war er mit mir in meine Werkstatt gegangen und ich hatte die Sohlen ausgeschnitten und Maß genommen. Die Stiefel waren nun fertig, aber sie abzuliefern gelang mir nicht. Zum dritten Mal schon klopfte ich an die Tür seines Hauses, doch sein bulliger Türhüter (noch derselbe, der Sokrates bei seiner Brautwerbung hinausgesetzt hatte) ließ mich nicht ein und sagte auch diesmal, sein Herr sei fortgegangen. Und als ich fragte, wann ich Neokles denn endlich einmal antreffen könne, knallte er vor mir die Tür zu.

Eigentlich hatte ich mir an diesem Tag etwas leisten und einen kleinen Aal aus dem böotischen See Kopais, der zwei Drachmen kostete, nach Hause bringen wollen. Da mir aber auch diesmal das Geschäft nicht gegönnt war, konnte ich nur vier Obolen ausgeben und musste mich mit einer Muräne begnügen.

Sie schmeckte dennoch köstlich, denn Politta verstand sich bestens auf die Zubereitung. Sie briet den Fisch in Mangoldblättern und würzte ihn mit einer kräftigen Essigsoße. Das gute Mahl besänftigte mich, ich dachte nicht mehr an meinen Misserfolg, und da es ein warmer Frühlingsabend war, streckte ich mich zufrieden auf der Bank an der Hofmauer aus.

Nebenan hörte ich Xanthippe wirtschaften. Sie schien mir noch ungeduldiger und gereizter als gewöhnlich zu sein. Eine Weile rumorte sie im Hause und zankte mit dem dreijährigen Lamprokles. Zwischendurch rannte sie immer mal wieder die Treppe zum Gynaikon hinauf, um das Neugeborene zu beruhigen. Im Hof schien sie dann die Wäsche zusammenzulegen, die sie gewöhnlich zum Trocknen über die noch immer herumstehenden, halb behauenen Steine warf. Von Zeit zu Zeit murmelte sie dabei etwas zwischen den Zähnen, wobei sie, soweit ich es verstand, nicht gerade die feinsten Worte gebrauchte. Ich achtete aber nicht besonders darauf. Es war ihre Gewohnheit, wie ein Mann zu fluchen, wenn ihr so war.

Gerade überlegte ich, ob ich vielleicht auf die Bank steigen, ihr über die Mauer einen Abendgruß zurufen und sie fragen sollte, ob sie wohl wisse, um welche Tageszeit man ihren Vater zu Hause mal antreffen könne … da hörte ich sie plötzlich aufkreischen.

„Sokrates! Hast du mich erschreckt!"

Er liebte solche überraschenden Auftritte. Auf leisen Sohlen (er ging ja meist barfuß) schlich er zum Tor herein, und wenn sie gerade abgewandt stand und die Hände nicht frei hatte, gönnte er sich das harmlose Männervergnügen, sie von hinten zu umfassen und als Erstes die halbrunden apsisartigen Vorbauten ihres Tempels zu begrüßen.

Dazu schmetterte er mit heiterem Pathos: „Chaire, Hüterin meines Hauses! Geschenk der Götter! Lust meiner Augen!"

Meistens wehrte sie ihn nur ab und machte ihm in spöttischem Ton ein paar Vorhaltungen.

An diesem Abend aber fuhr sie ihn an: „Na endlich! Das wurde ja wirklich Zeit! Wo hast du dich noch herumgetrieben? Wolltest du heute nicht früher kommen? Nun? Und hast du alles erledigt?“

„Alles“, rief Sokrates, „alles! Ich war heute ungewöhnlich erfolgreich!“

„Dann komm ins Haus und leere die Tasche!“

„Nicht so stürmisch, meine Wildkatze. Hör mir erst zu, ich habe viel zu berichten.“

„Warst du beim Goldschmied?“

„Beim Goldschmied, beim Sattler, bei den Bootsbauern, beim Werkzeugmacher Parrhasion, beim Maler Pistias, beim …“

„Ich will nicht wissen, welche achtbaren Männer du belästigt und am Arbeiten gehindert hast … Was du erreicht hast, will ich wissen!“

„Einen neuen Freund habe ich gewonnen.“

„Schon wieder einen? Und was hast du noch gewonnen?“

„Warte doch, warte! Das Wichtigste kommt ja. Ich habe auch einen neuen Lehrsatz gefunden.“

„Einen Lehrsatz?“

„Natürlich gebührt mir nicht allein das Verdienst. Gemeinsam mit meinen Freunden, versteht sich, habe ich ihn herausgearbeitet. Er lautet: Gerechtigkeit ist Wissen.“

„Ist ja großartig. Darauf wäre ich niemals gekommen.“

„Das war auch gar nicht so einfach, Xantha“, erklärte Sokrates bedächtig. „Wir haben uns langsam herangetastet. Nach gründlicher Untersuchung fanden wir nämlich heraus, dass jede gerechte Tat schön und gut ist. Doch nur der Wissende tut das Schöne und Gute, während der Unwissende dies nicht kann und sogar dann noch scheitert, wenn er sich darum bemüht. Da also alles Rechtliche oder sonst wie gute und edle Handeln eine entsprechend geschulte Gesinnung zur Voraussetzung hat, ergibt sich, dass die Gerechtigkeit und jede andere gute Eigenschaft Wissen ist. Also auch Tapferkeit ist Wissen, Besonnenheit ist Wissen, Selbstlosigkeit ist Wissen. Alles Schöne und Gute ist Wissen und damit erlernbar."

Ich stellte mir das Gesicht vor, das Xanthippe während dieser Darlegung machte.

„Und hast du vielleicht den ganzen Tag vertrödelt", presste sie jetzt mit mühsam beherrschtem Zorn hervor, „um diese Erkenntnis zu gewinnen?"

„Doch nicht nur einen einzigen Tag", erwiderte Sokrates beinahe erstaunt. „Wie kannst du das glauben? Um einen solchen Satz zu finden …"

„Der auch noch falsch ist!", warf sie verächtlich hin.

„Wie? Er ist falsch?"

„Gerechtigkeit! Selbstlosigkeit! Das Schöne und Gute! Alles Wissen, ja? Bin ich ungerecht? Bin ich eigensüchtig? Tue ich nicht etwas Schönes und Gutes, obwohl ich nicht sehr gebildet bin?"

„Verzeih …"

Jetzt war sie nicht mehr zu halten und vergaß sogar, dass sie in diesem Augenblick eigentlich etwas ganz anderes interessierte.

„Jede Nacht stehe ich dreimal auf, um das Kind zu versorgen. Ist das nicht gut?"

„Oh ja, das ist es!", versuchte Sokrates zu beschwichtigen.

„Heute bin ich in aller Frühe zum Weinberg hinaus, hab die Reben beschnitten. Dann wieder nach Hause, um die Ziege zu melken, den Esel zu füttern. Anschließend habe ich Brot gebacken. Ist das nicht schön?"

„Es ist nützlich, also ist es auch schön."

„Und dann die Wäsche. Zum Fluss und zurück. Mit vollem Korb. Ein Kind auf dem Rücken, eins an der Hand. Früher hatte ich eine Dienerin. Den halben Vormittag hab ich geschrubbt … sieh meine Hände an, sie sind rot und geschwollen. Und schließlich war ich noch dreimal am Brunnen, um Wasser zu holen. Ist das etwa auch nicht gut?"

„Es ist sogar sehr gut!"

„Während mein Ehemann mit seinen Kumpanen umherstreunt und ‚Lehrsätze' ausheckt, tue ich etwas. Und zwar tapfer und selbstlos, wie ich finde. Und obwohl ich ganz unwissend bin!"

„Reg dich doch nicht so auf, meine Liebe!", rief Sokrates. „Es wird ja anerkannt. Hinsichtlich dessen, wofür dich die Götter bestimmt haben, bist du sehr tüchtig. Das muss man einmal ausdrücklich feststellen."

„Dann muss man aber auch einmal ausdrücklich feststellen, dass *du,* mein Lieber, hinsichtlich dessen, wozu *dich* die Götter bestimmt haben, vollkommen untüchtig bist!"

„Da missverstehst du etwas, Xantha. Aufgrund seiner Kraft und tieferen Einsicht soll der Mann vor allem nach außen wirken. Ich kümmere mich um die öffentlichen Angelegenheiten, ich …"

Ein schriller Empörungsschrei Xanthippes ließ ihn

verstummen.

„Was tust du da? Was fällt dir ein?"

„Ich? Was denn?"

„Denkst du, ich gehe den weiten Weg zum Brunnen, die schweren Amphoren auf den Schultern, damit du in dem kostbaren Wasser deine dreckigen Füße einweichst?"

„Nun, ich dachte mir … Hast du mir nicht erlaubt, dass ich einmal am Tage …"

„Aber nicht mit den letzten Tropfen, die ich selber brauche! Das Kind muss noch gebadet werden. Und womit mische ich mir jetzt den Wein?"

„Du trinkst ihn doch ohnehin lieber ungemischt."

„Das wirfst du mir vor? Gerade du hast es nötig! Wer kommt denn jede zweite, dritte Nacht angeschwankt?"

„Geschwebt, willst du sagen, geschwebt! Von geistreichen Reden beflügelt. Manchmal begeben wir uns, wie schon der witzige Aristophanes beobachtet hat, bis in die Wolken hinauf."

„So … in die Wolken. Da hast du den Regen dazu!"

Ein Platschen und Prusten war vernehmbar. Sie hatte – übrigens nicht zum ersten Mal – die Schüssel genommen und ihm das Wasser, in das er so vorwitzig seine Füße gesteckt hatte, ins Gesicht geschüttet.

Sokrates nahm es wie immer gelassen und bedankte sich sogar für die Erfrischung.

Der erst einen halben Monat alte Sophroniskos schien den Lärm weniger gut zu vertragen und meldete sich lauthals. Xanthippe stapfte die Treppe hinauf.

„Noch so eine Plage! Und immer hungrig! Wenn

sein Vater so weitermacht, bleibt mir die Milch weg!“

Bei unseren Nachbarn herrschten also wieder „griechische Zustände“, um diesen Ausdruck aus der Politik zu gebrauchen. Politta, die still neben mir saß und Kränze für eine Festgesellschaft flocht (damit besserte sie unser Einkommen auf), verdrehte die Augen und tippte sich nur an die Stirn: Verrückte! Freilich konnte das noch nicht alles gewesen sein. Nach dem, was ich bisher gehört hatte, schwante mir etwas, und ich täuschte mich nicht. Es wurde dann allerdings noch schlimmer, als zu vermuten war.

Als sie das Kind im Gynaikon beruhigt hatte, stieg Xanthippe wieder herab in den Hof, und diesmal kam sie sofort zur Sache.

„So, und nun gib mir endlich das Geld!“

„Welches Geld?“, fragte Sokrates, der sich inzwischen schnaufend abgetrocknet hatte.

„Welches Geld! Was starrst du mich denn so verwundert an? Das Geld vom Goldschmied natürlich. Her damit!“

„Meinst du Antiphanes oder Peison?“

„Einen von beiden. Das musst du doch wissen!“

„Ich habe heute beide besucht …“

„Und von einem der beiden hast du doch Geld erhalten!“

„Nein …“

„Nein?“

„Aber Xantha, du weißt doch, ich nehme nichts. Wir haben sehr angeregte Gespräche geführt. Mit Peison sprach ich über die These Hesiods, kein Werk sei schimpflich, welches auch immer … und mit Antiphanes … warte … ja, über das Unglück des Straftäters, der der Strafe entgeht, weil nämlich seine Seele …“

„Sokrates!“, fuhr sie scharf dazwischen. „Jetzt antworte bitte! Ohne Ausflüchte! Wem hast du den goldenen Armreif mit Rubinen und Smaragden gegeben, und wie viel Geld hast du dafür bekommen?“

Während der Pause, die nun folgte, hörte ich ihn ächzen.

„Antworte!“, drängte sie.

„Weißt du, Xantha“, sagte er endlich kleinlaut, „ich hatte heute so viel zu tun …“

„Du hast es vergessen, ja?“

„Das eigentlich nicht. Zwischendurch erinnerte ich mich mehrmals daran. Erkundige dich bei Simon! Schon auf dem Weg zur Stadt …“

„Vergessen also! Der alte Trottel hat es vergessen!“

„Ich war ja in dieser Angelegenheit auch bei Antiphanes und Peison. Nur als wir uns dann in unsere Gespräche vertieften …“

„Und eingekauft hat er natürlich auch nichts. Wovon auch? Wann würde der große Denker schon einmal an seine Familie denken!“

„Es tut mir leid. Morgen werde ich bestimmt …“

„Genug! Es ist sinnlos, dir etwas anzuvertrauen. Gib mir den Armreif jetzt wieder! Ich nehme die Sache selbst in die Hand …, wie ich es ja schon oft getan habe. Zwar ist es unangenehm, als Frau von vornehmer Herkunft durch die Gassen der Handwerker zu streifen … aber was habe ich nicht schon alles tun müssen! Auch dazu werde ich mich überwinden. Also gib ihn mir!“

„Was?“

„Den Armreif.“

„Den … ja. Ja, natürlich. Hier ist er.“

Jetzt folgte eine noch längere Pause.

Politta ließ ihre Flechtarbeit sinken. Wir sahen uns an und lauschten gespannt.

„Nun?“, rief Xanthippe.

Wieder hörten wir Sokrates ächzen.

„Seltsam … Noch hab ich ihn nicht. Aber warte, Xantha … sei nur nicht ungeduldig, ich finde ihn gleich …

„Was hast du nur alles in deiner Tasche!“

„Oh, lauter brauchbare Dinge. Schreibtafel, Griffel … hier, eine interessante Notiz …“

„Weiter! Such weiter!“

„Ein Apfel … den hat mir Kyniskos geschenkt, der Händler, weil ich an seinem Stand ein Gespräch führte und die Leute zusammenliefen und nebenbei Obst kauften … ein gutes Geschäft für ihn …“

„Weiter, weiter!“

„Ein Bronzeplättchen … ach ja, mein Geschworenenausweis! Sieh, hier ist mein Name eingeritzt. Eine Knoblauchzehe! Sehr nützlich vor einem Streitgespräch. Auch die Kampfhähne werden ja vorher mit Knoblauch gefüttert, das macht sie scharf …“

„Hast du ihn endlich?“

„Ja …“

„Ja?“

„Nein, es ist nur das Ölfläschchen. Leer! Ein Stein … wozu hab ich den aufgehoben? Eine Stirnbinde, ein vertrockneter Kranz … der stammt von dem Gastmahl bei Kallias, da traf ich übrigens auch Kleinias, den Sohn von …“

„Sokrates! Wo ist der Armreif?“

„Ich verstehe das nicht … hier? Nein …“

„Nichts weiter?“

„Nur meine Sonnenblumenkerne. Timokles, der aus Ankyle, gab mir ein ganzes Säckchen voll. Er sagt jedem, er sei mein Schüler. Möchtest du?“

Sie gab keine Antwort. Wir hörten zwei Schritte und ein dumpfes Geräusch.

Jetzt konnte Politta ihre Neugier nicht mehr bezähmen. Sie stieg neben mir auf die Bank und lugte hinüber.

„Sie hat ihn gegen die Hauswand gestoßen“, flüsterte sie, sich zu mir herab beugend. „Untersucht seine Tasche, stülpt sie nach außen, verstreut die Sonnenblumenkerne …“

Da ließ sich Sokrates wieder vernehmen: „Aber Xantha, was soll das? Du kitzelst mich. Hör auf! Warum tust du das? Ist doch schade drum …“

„Er ist nicht da!“, schrie sie. „Wo ist er?“

„Ich weiß nicht …“

„Verloren hast du ihn! Verloren! Unser letztes wertvolles Stück! Er stammte aus meinem Familienerbe, schon meine Großmutter trug ihn. Dreihundert Drachmen war er wert, mindestens aber zweihundertfünfzig! Was haben wir jetzt noch zu verkaufen? Vielleicht meinen Spiegel? Muss ich den auch noch hergeben? Wir benötigen dringend neue Teller und Schüsseln. Ich traue mich kaum noch zum Brunnen, weil ich nur angeschlagene Krüge habe. Für den Kleinen müssen wir einen Kinderstuhl anschaffen, der von Lamprokles ist nicht mehr brauchbar. Mir fehlt Wolle zum Weben, meine Kleider lassen sich kaum noch ausbessern. Meine letzten Sandalen … sieh sie dir an! Bald fallen sie mir von den Füßen. Soll ich etwa auch barfuß gehen?"

„Es wäre gesund, weil …"

„Du machst mich noch krank! Mein Verstand hat wohl auch schon gelitten. Und ich vertraue ihm … diesem Vagabunden, diesem verantwortungslosen Streuner! Wir sind am Ende – und er verliert einen Goldreif!"

„Jetzt hat sie ihn am Kittel gepackt!", flüsterte Politta, „und schüttelt ihn wie einen Apfelbaum!"

Da konnte ich mich nicht mehr zurückhalten, stieg neben ihr auf die Bank und rief:

„Verzeiht meine Einmischung! Ihr habt eben so laut gesprochen, dass wir es mithören mussten. Wenn der Goldreif verschwunden ist, Sokrates, hat man ihn dir sicher gestohlen. Was meinst du? Hast du einen Verdacht? Vielleicht lässt sich der Dieb ermitteln!"

Xanthippe machte zunächst ein böses Gesicht, als sie Politta und mich über die Mauer spähen sah. Sie tat ja nach außen immer so, als sei alles in bester Ordnung, und wollte vermeiden, dass die Nachbarschaft mitbekam, in welchen Schwierigkeiten sie steckten. Andererseits legte sie sich überhaupt keinen Zwang an, dämpfte kaum jemals die Stimme und schrie damit selbst alles über die Dächer und Mauern hinaus. Wenn sich einer von uns Nachbarn jedoch dazu äußerte, war es ihr peinlich, und ich war nicht der Einzige, der schon von ihr gehört hatte: „Kümmere dich um deinen eigenen Dreck!“ Ohne Zweifel hatte sie das auch diesmal auf der Zunge, doch sie besann sich gleich und verschluckte es.

Stattdessen sagte sie: „Simon hat Recht. Der Armreif ist dir wahrscheinlich gestohlen worden. Vielleicht war es einer deiner ‚Freunde‘!“

„Unmöglich!“, protestierte Sokrates. „Dazu wäre keiner von ihnen fähig. Außerdem sind ja alle begütert. Warum sollte einer von ihnen ein Schmuckstück stehlen?“

„Warum? Weil dein Tugendgeschwätz ihn langweilte. Und weil er mal Lust bekam, etwas anderes zu tun als das Schöne und Gute!“

„Vielleicht hast du den Reif auch noch anderen gezeigt“, vermutete ich, „oder ihn irgendwo erwähnt. Versuche dich zu erinnern!“

„Streng dich an!“, befahl Xanthippe. „Denk nach! Es könnte ja ausnahmsweise etwas Nützliches dabei herauskommen.“

„Wartet mal … lasst mich überlegen …“

In seinem durchfeuchteten Kittel, die Stirn gesenkt, ging Sokrates einige Male in dem schmalen Hof auf und ab.

Plötzlich blieb er stehen, hob den Finger und rief: „Jetzt fällt es mir wieder ein! Ja, das war bei Antiphanes! Ich trat zu ihm an den Ladentisch und sagte: ‚Ich hab da ein Schmuckstück meiner Xanthippe, von dem sie sich trennen will. Ich zeige es dir aber nur, wenn du mir vorher versprichst, dass du mir einen anständigen Preis machst.‘

Da grinste er und erwiderte: ‚Und wenn ich dich nun ein bisschen über's Ohr haue, Sokrates?‘

‚Dann tust du Unrecht‘, erwiderte ich, ‚und deine Seele erleidet Schaden.‘

Das glaubte er nicht. Er behauptete vielmehr, seine Seele sei jedes Mal besonders vergnügt und er fühle sich großartig, wenn er ein vorteilhaftes Geschäft gemacht habe. Ich erklärte, dies sei gefährliche Selbsttäuschung. Bald waren wir im schönsten Meinungsstreit, und die Sache, um die es ging, war vergessen.“

„Und wer war dabei, als du den Armreif erwähntest?“, fragte Xanthippe. „Wer hat zugehört?“

„Ein paar Freunde. Charikles, Kriton, Chairephon …“

„Und wer noch?“

„Und … ja, da war noch Bathyllos.“

„Der diebische Herakles!“, entfuhr es mir gleich.

„Wer soll das sein?“, wandte sich Xanthippe an mich. „Du kennst den Kerl?“

„Ein stadtbekannter Spitzbube. Hat zwar riesige Pranken, doch er bekommt sie in jede Tasche. Erst kürzlich wurde er verurteilt und ausgepeitscht.“

„Sieh an!“

„Ja, aber jetzt ist er von seinem Laster geheilt“, erklärte Sokrates. „Er stiehlt nicht mehr. Das hat er mir ausdrücklich bestätigt.“

Xanthippe lachte ungläubig auf.

„Hat er das wirklich? Er ist dein neuer Freund, ja? Du hast dich auch mit ihm unterhalten. Dabei ist er dir wohl sehr nahe gekommen …“

„Zufällig ging er vorüber, als ich bei Antisthenes stand. Unser Gespräch interessierte ihn, weil er hörte, dass es um die Leiden der Seele ging. Da wollte er Näheres erfahren. Es war ihm Ernst damit, ganz ohne Zweifel. Als wir den Goldschmied verließen, blieb er noch lange an meiner Seite."

„An der Seite, wo deine Tasche sitzt."

„Glaube mir, Xantha, er hat sich gebessert."

„Da würde ich nicht so sicher sein, Sokrates", wandte ich ein. „Besserung hat er schon öfter gelobt."

„Aber diesmal wird er nicht wieder rückfällig. Ich habe ihm gründlich ins Gewissen geredet und ihm klar gemacht, welchen Wert die empfangene Strafe für seine Seele hat. ‚Endlich hat mir jemand die Augen geöffnet', sagte er. ‚Früher war ich oft sehr bedrückt, und als sie mich mit den gestohlenen Löffeln erwischten und auspeitschten, hielt ich das für ungerecht. Dennoch fühlte ich mich plötzlich erleichtert. Du Sokrates, hast mir erklärt, warum. Durch die Strafe, die ich empfing, wurde meine vom Unrecht beschmutzte Seele gereinigt.' Und vor Rührung umarmte er mich und drückte mich fest an seine Brust."

„Und dabei langte er in deine Tasche und stahl dir den Goldreif."

Die unbarmherzige Schlussfolgerung Xanthippes machte Sokrates tief betroffen.

„Glaubst du denn gar nicht an das Gute, Xantha?"

„Nein. Weil schon der Glaube an das Gute unmittelbar in den Abgrund führt!"

In unserer Gegenwart wollte sie offenbar mit dieser Erörterung nicht fortfahren. Sie nötigte ihren Gatten, mit ihr ins Haus zu gehen. Die halbe Nacht noch hörten wir sie dort drinnen die heftigsten Reden führen.

„Hättest du dich nur nicht eingemischt", sagte Politta. „Jetzt wird sie vielleicht von ihm verlangen, dass er den Reif von diesem Bathyllos zurückfordert. Wer weiß, was ihm dann passiert. Mit solchen Gaunern ist nicht zu spaßen."

Wie Recht sie hatte! Allerdings war es nicht Sokrates, sondern ich selbst, der diese Wahrheit zu spüren bekam.

Die Geschichte fand schon am nächsten Tag ihre Fortsetzung.

Kapitel 11

Ich unternahm keinen vierten Versuch, an dem finsteren Zerberos vorbei in das Haus des Neokles zu gelangen.

Stattdessen beschloss ich, meinem schwer erreichbaren Kunden aufzulauern. Kein Athener, der einigermaßen gut zu Fuß ist, verbringt den ganzen Tag zu Hause. Irgendwann geht er aus. Mal rufen ihn öffentliche Angelegenheiten, ein andermal muss er Geschäfte erledigen oder Besorgungen machen. Oder es zieht ihn nur einfach auf Straßen und Märkte, weil er Bekannte treffen und schwatzen will. Dass Neokles sich darin von anderen nicht unterschied, wusste ich. Oft sah ich ihn grußlos, mit wichtiger Miene an mir vorübereilen. Manchmal hatte er auch Gesellschaft, wobei es sich, was auffallend war, meist um Männer mit üblem Leumund handelte, die wie er selbst in den letzten Jahren vor einem unserer Volksgerichte gestanden hatten. Es lag wohl auch wieder etwas gegen ihn vor. Irgendwo auf dem Lande hatte er, hieß es, heilige Ölbäume umhauen lassen, um sich am Verkauf des Holzes zu bereichern.

Also bezog ich meinen Lauerposten am Ende des Gässchens, in dem er wohnte und wo er durchkommen musste, wenn er ausging oder nach Hause kam. Zum Glück musste ich nicht den ganzen Tag warten. Offenbar war er früh ausgegangen, und gegen Mittag kam er von der Agora her. Ich trat ihm entgegen, nannte mein Anliegen und zeigte ihm die Stiefel, die ich gefertigt hatte.

Im ersten Augenblick wollte er mich überhaupt nicht kennen. Angeblich erinnerte er sich auch nicht, irgendwo Schuhwerk in Auftrag gegeben zu haben. Als ich das Fest bei seiner Tochter Xanthippe erwähnte, setzte er nur ein schiefes Grinsen auf und sagte, da hätte ich wohl seine Trunkenheit ausgenutzt, um ihm eine Bestellung aufzunötigen. Damit wollte er weitergehen, aber ich trat ihm in den Weg und beharrte auf meiner Forderung. Immerhin war ich einen Kopf größer und mindestens zehn Jahre jünger als er. Misstrauisch blinzelnd räumte er schließlich ein, dass ihm nun etwas dämmere, und er forderte mich auf, ihm in sein Haus zu folgen.

Unter den scheelen Blicken des Türhüters gelangte ich also hinein. Neokles führte mich über den Hof in ein kleines Zimmer. Er setzte sich und probierte die Stiefel an. Gleich begann er zu mäkeln: Sie seien zu eng, er werde in ihnen nicht laufen können. Ich steckte den kleinen Finger zwischen seinen Fuß und das Hackenleder, es gelang mühelos. Dann fand er, die Schuhe seien zu plump, nicht elegant genug, für einen Bauern, nicht aber einen Aristokraten geeignet. Ich widersprach und erklärte, die Stiefel seien nach der neuesten Mode gearbeitet, ähnliche trage sogar Alkibiades. Schließlich fragte er, was ich haben wolle. Als ich den Preis nannte, hieß er mich einen Augenblick warten und ging hinaus.

Ich hoffte, er werde das Geld holen, und so hatte ich nun, ein wenig erleichtert, einen Blick für meine Umgebung. Das Zimmer, der Empfangsraum des Hausherrn, war nahezu leer und kärglich ausgestattet, nur ein paar Hocker standen herum. Ein Vorhang, der nicht ganz zugezogen war, hing an der Tür zum Nebenzimmer. Durch den Spalt sah ich einen Dreifuß und allerlei kostbares Geschirr. Aus Neugier trat ich ein bisschen näher. Gleich hinter dem Vorhang bemerkte ich eine Truhe und auf dieser ein Kästchen aus Elfenbein, unter dessen nicht ganz geschlossenem Deckel eine Perlenkette hervorquoll. Und neben dem Kästchen lag ein Armreif.

Ich wandte mich ab. Dann aber blickte ich noch einmal hin. Ich drehte mich um und vergewisserte mich, dass niemand kam. Ich steckte den Kopf durch die Öffnung des Vorhangs.

War denn das möglich? Vor mir lag der Goldreif mit den Eidechsen. Es war derselbe, den Sokrates mir am Tag zuvor auf dem Weg in die Stadt gezeigt hatte. Um mir jeden Zweifel zu nehmen, streckte ich eine Hand vor, drehte den Reif ein wenig und entdeckte nun auch den kleinen Schaden: einer der winzigen goldenen Eidechsen fehlte der Kopf.

„Habe ich dich erwischt, Langfinger?“

Mein Arm zuckte zurück und da wurde er auch schon gepackt und gewaltsam auf den Rücken gedreht. Eine Pranke legte sich um meinen Hals und würgte mich. Unfähig, Widerstand zu leisten oder auch nur zu protestieren, wurde ich aus dem Zimmer über den Hof und durch die Vorhalle nach der Haustür gestoßen. Dann lag ich im Gassenstaub und sah gerade noch, wie der Zerberus hinter der Tür verschwand, die er heranzog.

Gleich fielen mir die Schnürstiefel ein, die in dem

Zimmer geblieben waren. Ich überwand meine Angst, sprang auf, trommelte mit den Fäusten gegen die Tür, verlangte meine Ware zurück.

Da schlug mir diese verfluchte, sich nach außen öffnende Tür so heftig gegen den Schädel, dass ich schon davon halb ohnmächtig wurde. Ein Kinnhaken gab mir den Rest, und ich verlor das Bewusstsein.

Als ich zu mir kam, lag ich seltsamerweise nicht vor dem Haus des Neokles, sondern an die hundert Schritte von ihm entfernt. Ein paar Gassenjungen standen um mich herum und johlten, als ich blinzelnd den Kopf hob und mich aufrappelte. Sie glaubten natürlich, ich sei betrunken.

Was blieb mir übrig, als mich nach Hause zu schleppen? Noch immer dröhnte mir der Schädel, meine Kinnlade schmerzte. An der Stirn ertastete ich eine Beule. Nachdem ich das Stadttor hinter mir gelassen hatte, benutzte ich Seitenwege, um nicht zu vielen Bekannten zu begegnen. Die Sonne stand bereits ziemlich tief, als ich endlich zu Hause war. Politta schlug die Hände zusammen und glaubte, Räuber hätten mich überfallen.

So ähnlich war es ja auch gewesen. Sie machte mir einen Kopfverband, und ich berichtete ihr mein Abenteuer. In flammender Empörung vermutete sie sogleich, dass mich Neokles absichtlich in sein Haus gelockt hatte, um mir die sorgsam gearbeiteten Stiefel aus bestem Rindsleder abzunehmen. Noch empörter war sie, als ich erzählte, ich hätte im Haus des Alten den Goldreif entdeckt, der Sokrates am Tage zuvor abhanden gekommen war.

Zu meinem Erstaunen richtete sich ihr Zorn gleich

gegen Xanthippe.

„Diese Gaunerin! Natürlich, sie und ihr Vater machen die schmutzigen Geschäfte gemeinsam. Sie hat ihm den Wink gegeben, sich von dir die Stiefel machen zu lassen und dich harmlosen Menschen dann um den Lohn zu betrügen. Und den Gewinn, den sie damit erzielen, teilen sie sich!"

„Das kann ich nicht glauben", sagte ich. „Warum tat er dann heute erst so, als wisse er nichts von dem Auftrag? Warum ließ er mich vorher mehrmals abweisen?"

„Er war ja sicher, du würdest hartnäckig sein! Falls du nun aber klagen solltest, wird er behaupten, du hättest den Auftrag zum Vorwand genommen, um in sein Haus einzudringen und zu stehlen. Und du … du hast ihm ja sogar den Gefallen getan und die Hand ausgestreckt – nach dem Goldreif."

„Das war töricht von mir. Ich war so überrascht. … Aber wie kam der Schmuck in sein Haus?"

„Verstehst du denn nicht?", entgegnete Politta und warf einen verächtlichen Blick nach der Hofmauer, hinter der Xanthippe gerade den weinenden Sophroniskos beruhigte. „Er kam genauso dorthin, wie die Stiefel dorthin kamen. Wurde dem Sokrates gestohlen. Sie wusste natürlich Bescheid oder hat den Kerl, der Sokrates in die Tasche fasste, sogar selber beauftragt. Und jetzt wird der Alte den Schmuck für sie günstig verkaufen."

„Aber wozu dieser Umweg? Warum hat sie Sokrates nicht gleich zu ihm geschickt?"

„Na, um ihren Mann mal wieder zum Trottel zu

machen! Um ihn erniedrigen, bloßstellen und beschimpfen zu können. Er soll sich schuldig fühlen, der Ärmste. Damit sie ihn besser beherrschen kann. So eine braucht nun mal einen Sklaven.“

Politta mochte reden, was sie wollte, sie überzeugte mich nicht. Nach wie vor ließ sie keine Gelegenheit aus, Xanthippe vor mir herabzusetzen. Nun, meine Frau war nicht gerade eine Schönheit, und sie wusste wohl meine verstohlenen Blicke über die Mauer und meine entsagungsvollen Seufzer richtig zu deuten. Auch diesmal hetzte sie weiter gegen die Nachbarin, aber ich mochte davon nichts mehr hören. Eine einzige unbestreitbare Tatsache gab es: Um den Lohn meiner Arbeit war ich betrogen. Der Verlust war beträchtlich, doch nach allem, was ich erlebt hatte, würde ich ihn verschmerzen. Das andere ging uns nichts an, und ich untersagte Politta, daran ihren Schnabel zu wetzen und uns weitere Unannehmlichkeiten zuzuziehen.

Aber was nützt es, Frauen den Mund zu verbieten!

Kaum hörte sie nebenan das Tor knarren, nahm Politta den Wasserkrug und eilte fort. Sie folgte Xanthippe zum Brunnen, wo um diese Nachmittagsstunde alle Klatschweiber von Alopeke versammelt waren. Und dann geschah, was geschehen musste. Schon von weitem hörte ich das Geschrei und Gezänk. Ich rannte auf die Straße hinaus, um dazwischen zu gehen, falls sich die Frauen in die Haare gerieten. Da kam mir der Haufen schon entgegen, allen voran Xanthippe, die mit hoch gerafftem Gewand so rasch ausschritt, dass Politta und die anderen kaum folgen konnten.

„Simon!“, rief sie mir entgegen. „Was ist passiert?

Wie siehst du aus! O Götter, wie bist du zugerichtet! War das Manes, dieser brutale Schuft? Aber es ist nicht wahr, was Politta erzählt, ich kann nichts dafür! Ich werde noch heute zu meinem Vater gehen. Er muss dir die Stiefel bezahlen. Ich sorge dafür, verlass dich darauf!“

Erhitzt, hoch atmend stand sie vor mir. Sie ergriff meine Hand und drückte sie heftig. Noch niemals hatte sie mich berührt. Ein wohliges Gefühl durchströmte mich, und sogleich fühlte ich mich viel besser. Beinahe hätte ich sie wie Sokrates „Xantha“ genannt.

Doch ich sagte: „Das dürfte dir kaum gelingen, Xanthippe. Du würdest nur Ärger mit deiner Familie bekommen. Das will ich nicht.“

„Warum denn nicht?“, rief Politta, die mit den anderen Frauen herankam. „Angeblich ist sie ja unschuldig, aber das soll sie erst einmal beweisen.“

„Das werde ich auch!“, fuhr Xanthippe sie an. „Ich werde nicht ruhen, bis ihr das Geld habt! Ihr alle habt es gehört. Komm, Simon!“, sagte die halblaut und drängte mich aus dem Kreis der Weiber. „Politta sagte, du hättest im Haus meines Vaters etwas gesehen …“

Sie schob mich durch das Tor ihres Anwesens und wollte es gleich hinter mir schließen, doch meine Frau schlüpfte noch hindurch.

Xanthippe drängte mich, alles zu berichten, und so erzählte ich ihr den ganzen Vorgang der Wahrheit gemäß und sagte ihr, dass ich sicher sei, Neokles habe den Goldreif. Sie unterbrach mich mit Fragen und Ausrufen wie: „Jetzt verstehe ich alles!“ und „Warum bin ich nicht gleich darauf gekommen?“ Politta bereute plötzlich ihre Schwatzhaftigkeit und wollte mir einreden, dass ich mich irrte. Aber darauf ließ ich mich nicht ein. Und in einem Anfall von halsbrecherischem Wagemut bejahte ich schließlich die Frage Xanthippes, ob ich vor ihrem Vater alles bezeugen würde. Zwar bebte meine Stimme dabei und mein Herz klopfte heftig, doch wie hätte ich unter dem zwingenden Blick der schwarzen Augen feige sein dürfen!

„Dann also auf in die Stadt!", rief Xanthippe. „Eine dringende Familienangelegenheit, die geregelt werden muss. Hilf mir anspannen, Simon!"

In der Ecke von Sokrates' früherer Werkstatt stand noch der alte zweirädrige Karren, der mal als Hochzeitswagen gedient hatte. Xanthippe packte selber die Deichsel und zog ihn heraus. Derweil holte ich den Esel aus dem Stall. Politta wurde von Xanthippe gebeten, die Kinder zu hüten, doch sie bestand darauf mitzukommen. Wahrscheinlich fürchtete sie nicht nur *eine* Gefahr, die mir drohte. Zum Glück waren die Weiber draußen am Tor noch nicht auseinander gelaufen. Pamphile, die Frau des Dorfschmieds, die Xanthippe manchmal besuchte, war sogleich bereit, im Hause zu bleiben. Sokrates war natürlich abwesend.

In schneller Fahrt ging es los. Xanthippe schwang die Gerte, und schon rumpelten wir auf dem klapprigen Gefährt zur Stadt hin. Mein schmerzender Kopf spürte jeden Stein, jedes Loch. In einer Staubwolke preschten wir durch das Tor, hinter dem sich das Gassenvolk um uns sammelte. Doch mit Gertenhieben und scharfen Worten wurde es von Xanthippe auseinander getrieben. Gleich darauf hielten wir vor dem bekannten Haus.

Sie sprang vom Wagen, schlug mit den Fäusten gegen die Tür und rief: „Mach auf, Manes!"

Der Zerberus erschien im Türspalt, machte ein verdutztes Gesicht, weigerte sich aber zu öffnen.

Da riss sie die Tür auf, stieß ihn vor die mächtige Brust und befahl ihm: „Weg da!" und uns: „Kommt herein!"

Zaghaft folgten Politta und ich.

Wir fanden Neokles mitten im Hof, wo er gerade seine abendliche Körperreinigung vornahm. In seiner dürftigen Nacktheit stand er vor einem Hocker, auf den ein Sklave gestiegen war, um ihm die alte Runzelhaut mit Wasser zu übergießen. Ein zweiter Sklave, sehr jung noch, kniete vor ihm, anscheinend mit der Pflege eines besonderen Körperteils beschäftigt. Neokles stieß ihn gleich von sich, als er uns sah, und bedeckte sich mit einem Lendentuch.

„Was tust du hier, Tochter?", stammelte er. „Was wollt ihr? Wie seid ihr überhaupt hereingekommen? Wo ist Manes?"

„Ich habe mit dir zu reden, Vater!"

Ohne Umstände packte sie ihn am Arm und zerrte den erschrockenen Alten, der das Lendentuch an sich presste, ins Haus. Uns bedeutete sie mit einer Kopfbewegung, im Hof zu warten.

Sogleich war von drinnen die Musik zu hören, die wir nur allzu gut kannten. Alles war nicht zu verstehen, weil sich die Diener im Hof zu schaffen machten. Ein Schwall von Vorwürfen traf Neokles und erstickte die meisten seiner Widerworte. Was wir mitbekamen, war aber genug, um den Ausgang der Sache begreiflich zu machen.

„… noch immer dasselbe, mich kannst du nicht täuschen!“, hörten wir Xanthippe schimpfen. „Und anscheinend hat deine Bande Zuwachs bekommen. Es handelt sich um einen gewissen Bathyllos.“

„Ich kenne keinen Bathyllos!“

„Und den ‚diebischen Herakles‘ kennst du auch nicht?“

„Ich habe den Reif nicht.“

„Du lässt deine eigene Tochter bestehlen und leugnest es? Mein Nachbar, der Schuster, hat ihn gesehen!“

„Der wollte ja selber stehlen, der Lump!“

Politta, die ihre Ahnung bestätigt fand, ergriff meinen Arm und sah mich groß an. Mir war ebenfalls unwohl, zumal hinter einem Pfeiler der Zerberus lauerte und uns beobachtete.

Eine Weile hörten wir nichts. Dann wurde der Streit erneut heftig.

„Rück ihn heraus!“, schrie Xanthippe. „Oder wir machen gleich morgen die Anzeige! Einen Prozess hast du schon am Hals, aber dann kommt noch mehr ans Licht, verlass dich darauf! Es wird Leokrates interessieren, wo sein Prunkschwert geblieben ist, das er für seinen Sieg vor Aigina erhielt …“

„Das waren nicht meine Leute!“, hielt Neokles dagegen. „Ich habe das Schwert nie in der Hand gehabt. Weiß auch nicht, wo es geblieben ist.“

„Und wo die Schätze aus dem Apollon-Tempel geblieben sind, weißt du wohl auch nicht!“

„Still!“, heulte der Alte. „Bist du von Sinnen? Auch damit habe ich nichts zu tun!“

„Religionsfrevel! Tempelraub! Darauf steht Todesstrafe!“

„Willst du deinen Vater verderben?“

„Und du? Willst du deine Tochter verderben?“

„Ich habe ein Ungeheuer gezeugt, schlimmer als die Gorgonen, die Töchter des Phorkys …“

So ging es noch eine Weile weiter. Mal senkten sie die Stimmen, dann schlugen die Zorneswellen wieder hoch.

Auf einmal aber war es still.

Beklommen tauschten wir Blicke. Noch immer standen wir mitten im Hof, und der Kerl hinter dem Pfeiler ließ nach wie vor kein Auge von uns.

„Warum sind wir nur mit ihr hergekommen?“, flüsterte Politta. „Ein Raubnest! Wer weiß, was uns blüht …“

Aber da kam Xanthippe schon wieder heraus. Der Alte rief ihr etwas nach, sie jedoch warf nur den Kopf in den Nacken und lachte.

Am Arm trug sie ihren Goldreif und in jeder Hand einen prall gefüllten Lederbeutel. Den kleineren warf sie mir zu.

„Dein Lohn für die Stiefel! Du wirst zufrieden sein. Kommt!“

Hinter uns stürzte Neokles, dem ein langes seidenes Hausgewand um die Beine schlotterte, in den Hof und schüttelte seine mageren Fäuste.

„Lass dich hier nie wieder blicken, Spitzbübin!“, schrie er. „Mögen die Götter dich so strafen wie mich!

Was für ein Unglück, Töchter zu zeugen! Bei Zeus, man hat mit ihnen nur Ärger und Unkosten, sie treiben den Vater in den Ruin! Eine ist schlimmer als die andere. Und die Schwiegersöhne? Taugenichtse und Dummköpfe!"

„Öffne die Tür, Manes!", befahl Xanthippe, und trotz des Wutausbruchs seines Herrn gehorchte der Türhüter beflissen. Er grinste sogar und machte eine kleine Verbeugung, als sie in vornehmer Haltung an ihm vorbei schritt.

Wie Karnickel, die sich in den Fuchsbau verirrt hatten, drängten wir hinter ihr hinaus.

Als wir zu Hause das Geld zählten, war uns noch immer nicht ganz wohl. In dem Beutel war mehr als das Dreifache dessen, was ich für die Stiefel verlangt hatte. Klar war natürlich, dass Xanthippe dem Alten die beiden Geldbeutel abgepresst hatte. Von einer Bande war die Rede gewesen, von Tempelraub und anderen Untaten. Ich fürchtete mich, und ich wagte in der nächsten Zeit nicht, in die Stadt und auf den Markt zu gehen.

Eines Abends saß ich vor meiner Tür, als Sokrates heimkam.

„Chaire, mein Bester!", sagte er. „Weißt du das Neueste? Heute wurden die Übeltäter verurteilt, die die heiligen Ölbäume abgeholzt hatten. Mein Schwiegervater war auch dabei. Er wird nun enteignet und des Landes verwiesen. Hätte er nur auf meine Ermahnungen gehört! Aber er antwortete immer: ‚Du bist mein Sohn, ich lasse mir nichts von dir sagen!' Dabei ist er gerade drei Jahre älter als ich."

Kapitel 12

So war diese Sache noch einmal glimpflich ausgegangen, sowohl für uns als auch für unsere Nachbarn. Zwischen Xanthippe und Politta kam es zu einer Art Waffenstillstand, der allerdings brüchig war. Xanthippe konnte meiner Frau nicht verzeihen, dass sie sie vor den Dorfweibern angegriffen und verleumdet hatte. Politta wiederum kam als grundehrliche Haut nicht darüber hinweg, was sie im Haus des Neokles erlebt hatte. Seit der Alte verurteilt und verbannt war, nannte sie die Nachbarin unter uns nur „das Vögelchen aus dem Raubnest".

Der Goldreif wurde dann selbstverständlich doch noch versetzt, und der Erlös zerrann ebenso wie das Geld, für das Xanthippe ihrem Vater ihr Schweigen über gewisse Machenschaften verkauft hatte. Nach ein paar Monaten war sie mit ihren Mitteln wieder am Ende, und nun war die Lage so schwierig wie niemals zuvor.

„Zum Versetzen haben wir nichts mehr", hörte ich sie wiederholt zu Sokrates sagen. „Meine Mitgift ist aufgebraucht. Alle Quellen sind versiegt. Jetzt steht die nackte Not vor der Tür."

In solchen Augenblicken versuchte er dann immer, sie zu trösten. Er versprach, Lebensmittel zu beschaffen, was ihm, da er mit vielen Händlern auf dem Markt in gutem Einvernehmen stand, nicht schwer fiel. Auch bei den Symposien wurde ihm ja, wie ich schon erzählt habe, manches zugesteckt. Aber natürlich war es damit nicht getan. Man benötigt nun einmal auch Drachmen und Obolen, um einen Haushalt führen zu können.

Eines Morgens, als sie unter dem Olivenbaum ihr Frühstück verzehrten, dessen Kärglichkeit Xanthippe wie gewöhnlich mit einem reichlichen Zubrot an Klagen und Vorwürfen ausglich, sagte Sokrates: „Ich könnte ja ein Darlehen aufnehmen.“.

„Und wie willst du es zurückzahlen?“, hielt sie dagegen. „Da kannst du ja gleich den Weinberg verkaufen … und den Esel und die Ziege … alles, was uns geblieben ist. Es gibt nur zwei Möglichkeiten, mein Lieber.“

„Nur zwei? Du erschreckst mich!“, versuchte er zu scherzen.

„Die erste: Du arbeitest wieder in deinem Beruf als Steinmetz und nimmst Aufträge für Grabplatten an. Gestorben wird immer und jetzt besonders viel. Du hättest mehr als genug zu tun.“

„Ich wusste ja, es ist etwas Schlimmes.“

„Und was wäre daran so schlimm?“

„Da müsste ich doch meine Schüler im Stich lassen.“

„Natürlich! Du lässt lieber deine Frau im Stich. Und die Kinder, die genötigt sein werden, betteln zu gehen.“

„So weit wird es nicht kommen, Xantha“, beschwichtigte er. „Wir müssen uns eben ein bisschen einschränken. Ein kleines Familienopfer für die Weisheit.“

„Die Weisheit!“, wiederholte sie abschätzig. „Mit deiner Weisheit ist es wahrhaftig nicht allzu weit her.“

„Da hast du Recht, ich stimme dir zu. Aber ich sprach ja auch nicht von *meiner* Weisheit. Bei mir ist davon keine Spur."

„Und trotzdem behauptest du, Schüler zu haben. Irgendetwas musst du doch für sie tun."

„Ich stelle nur Fragen, und sie antworten mir. Ich leite sie an, zur Weisheit zu finden. Zeige ihnen den Weg. Das Ziel ist mir unbekannt."

„Und das scheint ihnen etwas wert zu sein."

„Sehr viel."

„Wie viel?"

„Du meinst …"

„Ich meine, in Drachmen ausgedrückt."

Sokrates seufzte vernehmlich.

„Xantha …"

„Die zweite Möglichkeit. Nimm endlich Geld von diesen Laffen, sie haben genug! Ihre Reitpferde, ihre Hunde, ihre Geliebten haben sie satt … nun verlangen sie mal nach etwas anderem. Die neueste Mode heißt: ‚Erkenne dich selbst!' Man furcht die Denkerstirn, sucht nach Begriffen, stellt ‚Thesen' auf, erforscht die Abgründe der Seele und findet es schick, den ganzen Tag hinter einem verkrachten Steinmetzen her zu rennen, einem närrischen, schrulligen, schlampigen Sonderling, den man zu seinem Lehrmeister macht, weil das so herrlich überspannt und verdreht ist! Findest du nicht, das ist sein Geld wert? Du hast die Mode doch aufgebracht. Und auch die Folgen trägst du allein … die jungen Herren geht das nichts an. Wer macht sich in der ganzen Stadt unbeliebt? Wer wird zur Spottfigur für die Komödiendichter? Wer vernachlässigt seine Kinder? Wer plagt seine Frau, bis sie ihm davonläuft?"

„Davonläuft?", rief Sokrates. „Aber Xantha, wie kannst du so etwas denken! Das wäre doch gegen die gute Sitte."

„Gegen die gute Sitte ist es", erklärte sie unerbittlich, „wenn ein Mann seine Frau nicht ernährt! Nimm täglich von jedem deiner ‚Schüler' zwei Drachmen. Das muss ihm seine Seele schon wert sein."

„Zwei Drachmen? Aber Xantha, wie denkst du dir das! Zwei Drachmen! Soll ich denn für zwei Drachmen meine Freiheit verkaufen? So ein elendes Sklavendasein willst du mir zumuten?"

„Ach, fang doch nicht damit wieder an, das ist doch lächerlich!"

„Nein, nein, nein, nein! Das ist keineswegs lächerlich. Wenn einer zwei Drachmen bezahlt, muss ich mich ja mit ihm unterhalten, ob ich nun will oder nicht."

„Und ist vielleicht etwas dabei?"

„Allerdings. Ich bin doch kein Strichjunge!"

„Nun übertreibst du aber. Strichjunge! Andere sind sich nicht zu schade dazu. Berühmte Gelehrte, die von weit her kommen. Fast hundertfünfzig Drachmen hat Hippias aus Elis für einen Vortrag mit anschließendem Gespräch eingenommen, das hast du mir selbst erzählt. Ist der vielleicht auch ein Strichjunge?"

„Im Grunde genommen – ja."

„Was? Na, da ist wohl ein Unterschied."

„Nur dass der eine seinen Hintern, der andere seinen Geist feilbietet. Hippias ist zu beneiden, das war eine hübsche Summe für seinen Geist. Gewöhnlich wird aber ein Hintern besser bezahlt."

„Du bist abscheulich!", stieß Xanthippe verzweifelt hervor. „Du willst nicht verstehen. Die anderen tun einfach nur das Vernünftige. Wer etwas anbieten kann, der verkauft es doch!"

„Ich habe ja nichts anzubieten."

„Ihr Götter!"

„Sieh mal, Xantha", sagte Sokrates, der sich wieder beruhigt hatte, „diese Sophisten, Hippias oder Gorgias, verstehen immerhin etwas von Rhetorik, von Mathematik, von Astronomie und allem Möglichen. Sie kommen mit einer fertigen Lehre, die sie vortragen und verteidigen. Ich dagegen? Ich bin, wie du richtig bemerkt hast, nichts weiter als ein verkrachter Steinmetz, einer, der nichts weiß und im Dunkeln umhertappt. Wie könnte ich mich mit ihnen messen? Ich bin doch kein richtiger Lehrer. Ich unterhalte mich mit meinen Freunden von Gleich zu Gleich. Sie Schüler zu nennen ist eigentlich Hochmut. Sie lernen von mir, und ich lerne von ihnen. Wir prüfen und fördern uns gegenseitig. Ich schulde ihnen, sie schulden mir. Sie vielleicht etwas mehr, aber in Geld lässt sich das nicht umrechnen. Das ist ja eine bessere Währung."

„Dann sieh zu, was du dafür kaufen kannst!", sagte Xanthippe. „Anscheinend lebst du allein ganz gut davon. Für eine Familie reicht es nicht."

„Aber … warte doch mal! Was hast du vor? Wozu holst du denn den Karren heraus? Wohin …"

Tatsächlich war nebenan Gepolter zu hören. Wieder zog sie den Karren hervor, denselben, auf dem sie uns vor einiger Zeit in die Stadt kutschiert hatte.

„Mein Hochzeitswagen!“, sagte sie, wobei ihre Stimme von aufsteigenden Tränen fast erstickt wurde. „Er brachte mich her, in dein Haus. Damals war er noch etwas neuer und schöner, genauso wie ich. Wir sind beide inzwischen etwas heruntergekommen. Es wird deshalb Zeit für uns zu verschwinden.“

„Du willst fort?“, rief Sokrates bestürzt. „Du hast das tatsächlich ernst gemeint?“

„Mit einem Menschenfreund verheiratet sein … das verlangt übermenschliche Eigenschaften. Aber selbst eine Göttin würde es nicht mit dir aushalten!“

„Xantha, ich glaube es nicht! Wo willst du denn hin?“

„Darüber mach dir keine Sorgen.“

„Deine Eltern leben in Megara, in der Verbannung.“

„Was sollte ich denn in Megara, ich bin Athenerin! Vor ein paar Tagen war Leukippe hier, schon lange haben wir uns wieder versöhnt. Sie hat mir ausdrücklich angeboten, mich aufzunehmen. ‚Wenn du es nicht mehr aushältst bei diesem Irren, dann nimm die Kinder und komm zu uns!‘ Genau das waren ihre Worte. Und sie fügte hinzu, Aristarch, mein Schwager, sei einverstanden.“

Sie eilte die Treppe zu ihrer Kammer hinauf.

Gleich darauf trat Sokrates an die Mauer und rief halblaut meinen Namen.

„Komm herüber, Simon! Du musst mir helfen! Sie will mich verlassen, und ich weiß nicht, wie ich sie aufhalten soll. Sprich du mal mit ihr, vielleicht hört ie auf dich. Sie hat eine gute Meinung von dir …"

Ich legte also Hammer und Ahle beiseite und ging nach nebenan.

Als ich den Hof betrat, kam Xanthippe gerade mit einem Ballen schnell zusammen geraffter Decken und Kleidungsstücke die Treppe herunter. Ihr Haar war zerzaust, ihr Gesicht gerötet, ihr Gewand in Unordnung. Ich muss erwähnen, dass ihr der Zorn, der sie so oft packte, sehr gut stand. Wenn sie wütend war, sah sie immer besonders reizvoll aus.

Erst als sie die Sachen auf den Karren geworfen hatte, bemerkte sie mich.

„Was willst du, Simon?"

„Ich … nun, ich wollte … ich dachte …"

„Was denn?"

Sie schob eine Brust, die sie wohl schon frei gemacht hatte, um den plärrenden Sophroniskos mit Wegzehrung zu versorgen, in das Kleid zurück, steckte die Fibel an der Schulter zu und stemmte eine Hand in die Hüfte. „Hast du ein Anliegen? Dann heraus damit! Sprich! Beeil dich! Du siehst doch, dass ich im Aufbruch bin."

„Es täte mir leid, wenn du fortgingest", sagte ich stotternd und verlegen. „Wir waren doch immer gute Nachbarn. Und wenn es nötig ist, kann man ja helfen. Du hast mir das Geld für die Stiefel verschafft, es war viel mehr, als mir zustand. Ich könnte dir den überzahlten Betrag …"

„Schon gut, Simon." Sie schnitt mir lächelnd das Wort ab. „Bist ein braver Kerl. Deine Politta sollte täglich den Göttern danken, einen wie dich bekommen zu haben. So viel Glück hat eben nicht jede. Dein Angebot kann ich leider nicht annehmen. Und nun halte mich bitte nicht auf."

Sie ließ mich stehen und eilte ins Haus.

Sokrates breitete mit kläglicher Miene die Arme, um gleich darauf hinter ihr her zu laufen. An der Tür blieb er stehen und rief nach drinnen:

„Xantha! Überlege es dir. Ich mache dir einen Vorschlag. Hör zu! Wir veranstalten ein Symposion. Dazu laden wir meine Freunde ein, und jeder beteiligt sich an den Kosten. Da wird so viel zusammenkommen, dass wir noch lange Zeit davon zehren werden. Ganz abgesehen von der geistigen Ausbeute. Was hältst du davon?"

„Ich bin begeistert!", sagte Xanthippe. Sie stieß ihn beiseite und kam mit einem weiteren Haufen zusammengerollten Zeugs heraus. „Das ganze Haus voller betrunkener Denker und Menschenfreunde ... das habe ich mir immer gewünscht!"

„Du würdest natürlich der Mittelpunkt sein."

„Werde nicht auch noch beleidigend!"

„Ich meine ja nur, dann würde ich allen beweisen, dass ich nicht nur eine scharf*züngige,* sondern auch scharf*sinnige* Frau habe."

„Das könnte dir so passen", erwiderte sie, während sie die Sachen auf dem Karren verstaute. „Mich diesen Kerlen zur Belustigung vorführen. Wenn euch nach schrillen Tönen ist, dann mietet euch Flötenspielerinnen."

„Auch Aspasia nahm an Gelagen teil. Die Frau des Perikles, eine bedeutende Frau."

„Wen wundert es! Sie war ja vorher Hetäre. Die hat ihm alles im Bett eingeflüstert."

„Unter anderem die neue Akropolis!"

„Baust *du* mir eine Akropolis? Es lohnt also nicht, ihr nachzueifern."

„Auch ich arbeite an einem Bau, einem geistigen …"

„Gewiss!" Xanthippe ließ ihr höhnisches Lachen hören. „Dazu noch eine Warnung, mein Lieber! Der mittlere Pfeiler dieser Bruchbude ist morsch und schon fast vom Holzwurm zerfressen. Falls ihr bei euerm Philosophengastmahl einen neuen Lehrsatz findet, dürft ihr nicht allzu laut jubeln, sonst bricht das Dach über euch zusammen. Es wäre schade um euch – und um den Lehrsatz. Er müsste ja dann noch einmal gefunden werden, und das könnte doch Jahrhunderte dauern!"

Sie verschwand wieder im Haus.

Sokrates raufte sich den Bart, rannte hin und her.

„Was könnte ich ihr denn sonst noch vorschlagen?", wandte er sich an mich. „Fällt dir nicht irgendetwas ein?"

Ich hatte mich auf einem der herumliegenden Marmorblöcke niedergelassen.

„Sie hat zu viele Sorgen", sagte ich unbestimmt. „Damit kommt sie nicht mehr zurecht. Du solltest ihr wenigstens einige abnehmen."

„Ja, und ich weiß auch schon wie!", rief er auf einmal freudig. „Xantha, ich hab's!"

Diesmal kam sie mit einem Psykter und einem Stapel Teller heraus.

„Ich werde beantragen“, sagte Sokrates, „dass ich im Rathaus kostenlos essen darf!“

„Du … im Rathaus?“

„Eine Mahlzeit am Tage genügt mir, sonst brauche ich nichts. Das wäre doch eine Entlastung für unseren Haushalt. Meinst du nicht auch?“

Xanthippe warf mir einen Blick zu und verdrehte die Augen.

„Soviel ich weiß“, sagte sie zu Sokrates, „ist die Speisung im Prytaneion eine Auszeichnung für verdienstvolle Bürger. Was hast denn du für Verdienste?“

„Nun … Ich bin doch so etwas wie ein Wohltäter. Ich rede den Leuten ins Gewissen. Ich bemühe mich um die Verbesserung der öffentlichen Moral.“

„Und du glaubst, dafür wird man dich belohnen? Wie einen Feldherrn, der Städte erobert und Menschen umbringt? Oder wie einen Olympiasieger, der sich im Sand wälzt und anderen die Glieder verrenkt? Armer Tor! Wäre ich nicht so wütend auf dich, würdest du mir jetzt leidtun.“

Sie stieg wieder die Treppe hinauf.

„Da haben wir es!“, rief ihr Sokrates nach. „Du bist wütend auf mich. In deiner Seele herrscht Unordnung! Kann man in einem solchen Zustand das Richtige tun?“

Er lehnte sich schnaufend und ächzend an die Hauswand, als er – vergebens – auf eine Antwort wartete.

Bald darauf kam sie wieder herunter, den schlafenden Säugling auf dem Arm, den Dreijährigen, der sich heftig sträubte, hinter sich her zerrend.

„Nun komm schon! Hab keine Angst, mein Liebling! Die Tante freut sich auf dich. Der Onkel hat Pferde und lässt dich reiten. Wir werden in einem großen Haus wohnen, wo es nie Streit gibt und alle fröhlich sind.“

„Ich will aber nicht! Ich will nicht!“

Der Knabe riss sich los und drängte sich an seinen Vater.

„Schon gut, mein Kleiner, schon gut“, sagte Sokrates mit großer Selbstüberwindung. „Geh nur …geh mit deiner Mutter dorthin, es wird dir gefallen. Es ist alles wahr, was sie sagt. Die Pferde gibt es, das große Haus … und die vielen Leute dort sind tatsächlich sehr fröhlich, das weiß ich genau.“

„Was redest du da von vielen Leuten“, sagte Xanthippe, die das schlafende Kind auf den Karren bettete. „Und woher weißt du denn, wie die Stimmung dort ist?“

„Aristarch hat es mir erzählt. Die Stimmung soll prächtig sein, obwohl sie so viele Verwandte im Haus haben.“

„Wieso denn so viele? Tante Hermione und die beiden Nichten.“

„Wie ich höre, ist noch eine Witwe dazugekommen. Von einem Halbbruder auf dem Lande, der plötzlich gestorben ist.“

Xanthippe hob argwöhnisch den Kopf und drehte sich zu Sokrates um.

„Davon hat mir Leukippe gar nichts gesagt. Eine Witwe?“

„Mit ihrer Mutter und ihren fünf Töchtern. Es

können auch sechs sein."

„Was? Aber so viel Platz ist doch gar nicht!"

„Es sei eng, sagte Aristarch. Weil er auch noch die Frau seines Vetters aufnehmen musste."

„Die Frau seines Vetters?"

„Eines gewissen Pantakles, der, wenn ich nicht irre, bei einem Schiffbruch umkam. Auch die Schwestern dieses Pantakles …"

„Lauter Weiber? Ja, aber … wie viele?"

„Es sollen insgesamt vierzehn oder fünfzehn Personen sein. Aristarch sagt, dass er sich selbst immer verzählt."

„Und die sind alle bei ihm im Hause? Seit wann denn? Wann hast du das von ihm erfahren?"

„Oh, schon vor einiger Zeit. Ich sprach ihn an: ‚Du siehst so bedrückt aus, lieber Schwager. Hast du Sorgen? Schütte mir doch dein Herz aus, mein Guter. Vielleicht kann ich dir einen Rat geben.' Na, und da rückte er damit heraus."

„Ich denke, er hat dir gesagt, es sei alles ganz prächtig."

„Nein, nein, damals nicht. Im Gegenteil, er beklagte sich: ‚Was soll ich nur mit dem Weibervolk anfangen? Sie sitzen da mit verbitterten Mienen und hacken aufeinander ein. Wenn man nur für die Jungfrauen Männer fände! Aber es sind zu viele im Krieg geblieben oder durch die Pest umgekommen. Was soll ich tun? Mit meinen bescheidenen Einkünften kann ich sie auf die Dauer nicht ernähren. Ich musste schon ein gutes Rennpferd verkaufen!' So jammerte er."

„Davon hat mir Leukippe auch nichts erzählt!",

sagte Xanthippe, die sichtlich unruhiger wurde.

„Wozu auch? Wir haben ja eine Lösung gefunden."

„Ihr?"

„Ich fragte Aristarch: ‚Lieber Schwager, hast du auch mal an die Seelen deiner Verwandten gedacht? Dass auch die ihre Nahrung brauchen?'

‚Da hätte ich viel zu tun', sagte er, ‚mir reicht schon, dass ich ihre Bäuche mit Bohnen, Käse und Brot füllen muss. Was, bei allen Göttern, soll ich denn in ihre Seelen hineinstopfen?'"

„Das hätte ich an seiner Stelle auch gefragt", stöhnte Xanthippe, der der Geduldsfaden riss. „Aber ist das vielleicht alles Unfug? Erzählst du Geschichten, um mich aufzuhalten?"

„Es ist die Wahrheit", erwiderte der Schlaukopf, dem natürlich nicht entging, dass er auf dieser mehr zufällig angeschlagenen Saite den richtigen Ton getroffen hatte. „Höre die Antwort, die ich ihm gab. ‚Was du ihnen als Seelennahrung behutsam einflößen sollst?', erwiderte ich. ‚Selbstvertrauen. Ein wenig Stolz. Das Gefühl, zu etwas nütze zu sein.'

‚Und wie stelle ich das an?', wollte er wissen.

‚Gib den Frauen etwas zu tun. Was können sie? Weben? Kleider machen? Ausgezeichnet! Eröffne mit ihnen eine Werkstatt.'

‚Aber Sokrates', wandte er ein, ‚es sind keine Sklaven, es sind Freigeborene und Verwandte.'

‚Ah, denkst du, weil sie frei geboren sind, brauchen sie nichts anderen zu tun als zu essen und zu faulenzen? Beherzige meinen Rat, und du wirst sehen, wie Arbeit und Fleiß ihr Leben verändern!'"

„Arbeit und Fleiß? Das hast ausgerechnet du ihm geraten?“, fragte Xanthippe mit begreiflicher Verblüffung.

„Erfolgreich! Er nahm ein Darlehen auf und kaufte Wolle. Und nun ging es los. Gestern traf ich ihn vor einem Bäckerladen. Da schleppte er einen ganzen Sack voller Kuchen und Kringel für seine fleißigen Arbeiterinnen. ‚Du solltest uns mal besuchen‘, rief er, ‚und die Stimmung erleben, die jetzt bei uns herrscht! Alle sind lustig, singen, lachen, keine giftet die andere an, keine zieht noch ein saures Gesicht. Du hattest Recht. Erst die Seele … und alles andere hat sich von selbst ergeben. Die Sachen lassen sich auf dem Markt gut verkaufen, sodass ich jetzt nicht nur meine Verwandten, sondern auch noch zwei Schweine und eine Kuh füttern kann. Und mein Rennpferd hab ich zurückgekauft. Bald werde ich wohlhabend sein!‘ Was hast du, Xantha?“

Xanthippe stand reglos da, die Fäuste geballt, und stieß hervor: „So ein Miststück!“

„Was? Wer denn?“

„Leukippe! Sie war schon immer ein falsches Aas.“

„Wieso denn?“

„‚Komm doch zu uns, wir würden uns freuen!‘ Kein Wort hat sie mir von alldem gesagt. Aber wenn die sich einbildet, dass sie mich wie die anderen fünfzehn zur Wollverarbeitung anstellen kann, dann irrt sie!“

„So hatte sie es bestimmt nicht gemeint“, besänftigte Sokrates, während er mir – seines Erfolgs schon sicher – zublinzelte.

„Wie denn sonst?“, rief Xanthippe, aus ihrer Betroffenheit erwachend und heftig gegen ihn losfahrend. „Da wäre ich ja in etwas hineingeraten! Beuten ihre Verwandten aus, diese Blutsauger! Schwache Weiber, die sich nicht wehren können. Nutzen schamlos ihre Notlage aus. Und du Menschenfreund bringst sie noch auf die Idee!“

„Aber Xantha, du stellst alles auf den Kopf!“

„Ich stelle es auf die Beine und nun sieht es weniger eindrucksvoll aus! Kein Wunder, wenn jemand anderen die Arbeit als Heilmittel für die Seele empfiehlt, nachdem er sie für sich selber abgeschafft hat!“

Sokrates lachte. „Schimpf doch nicht. Freue dich lieber!“

„Worüber sollte ich mich jetzt freuen?“

„Du hast gerade eine interessante Entdeckung gemacht. Es kann etwas Gutes auch schlecht sein und umgekehrt. Eine Sache ist gut und wertvoll nur bezogen auf das, wofür sie nützt. Was aber einerseits Nutzen bringt, kann andererseits Schaden stiften ... je nachdem, wie man die Sache betrachtet. Das erkennt man mit Hilfe der Dialektik!“

„Hör auf! Ich ertrage das nicht mehr. Bin ich denn nur von Schwätzern und Heuchlern umgeben? Was mache ich jetzt? Was soll nun werden?“

Sie sank auf eine der Treppenstufen und vergrub den Kopf in den Händen. Ihre Schultern zuckten, sie weinte stumm. Wie leid sie mir tat! Aber wie hätte ich ihr helfen können?

Sokrates war hingegen zufrieden. Sie blieb. Was immer an seiner Geschichte stimmte oder übertrieben war – wieder einmal hatte er sich im Gespräch bewährt und der besseren Sache zum Sieg verholfen.

Er blinzelte mir abermals zu, wobei er den wieder erwachten und schreienden Sophroniskos sorgsam vom Karren nahm und hinterwärts abwischte. Dem Lamprokles versprach er, dass er ein Pferd auch zu Hause bekommen werde, ein viel schöneres, eines aus Holz, ein von seinem Vater geschnitztes.

Während Sokrates noch den Karren entlud und ihn zurück an seinen Platz schob, verzog ich mich. Im Grunde war ich ja gleichfalls zufrieden.

Der Geist der Weiberempörung machte allerdings auch vor meiner Haustür nicht Halt. Da hatte Xanthippe ein schlechtes Beispiel gegeben.

Politta fiel mich gleich an: „Ich habe alles gehört, auch was du ihr angeboten hast. Untersteh dich! Dass du dir ja nicht einfallen lässt, ihr Geld zuzustecken!"

„Und wenn ich es doch täte?"

„Wage es nicht! Ich würde dich auf der Stelle verlassen!"

Kapitel 13

Es war das Geheimnis meines Freundes und Nachbarn, dass es ihm immer wieder auf fast unmerkliche Weise gelang, Menschen in eine bestimmte Richtung zu führen, auf ein Ziel zu, von dem er überzeugt war, es sei erstrebenswert. Diese Eigenschaft ist gewiss sehr selten, noch seltener aber kommt es vor, dass jemand, der sie besitzt, nicht in die Gefahr ihres Missbrauchs gerät. Bei Sokrates war das der Fall, denn was er auch vorschlug oder anregte, nie wollte er etwas anderes als den Einzelnen oder die Allgemeinheit im guten Sinne voranzubringen, als durch nützliche Einsichten nützliche Taten zu fördern. Bei dieser Behauptung bleibe ich, ungeachtet dessen, was inzwischen geschehen ist und was ihm schändliche Missgunst und Parteienhass vorwarfen.

Der kleine Vorfall, den ich gerade erzählt habe, beweist sogar, dass er nicht nur bewusst, sondern sogar unbewusst starken Einfluss ausüben konnte. Er hatte Xanthippe nicht nur zum Bleiben überredet, sondern ihr ganz nebenbei noch, was er gar nicht beabsichtigt hatte, zu einem zweiten Entschluss verholfen. Der Gewinn, den sein Schwager Aristarch durch die Befolgung seines Rates machte, interessierte ihn nicht. Er war aber fest davon überzeugt, dass Menschen, die sich nicht angemessen, ihren Fähigkeiten und Kenntnissen entsprechend beschäftigten, geistig und seelisch verkümmern mussten. Indem er diese Erkenntnis auch auf die Frauen anwandte, war er ein Neuerer, denn wen interessierte sonst schon bei uns in

Griechenland das Seelenleben der Frauen! Jedenfalls hatte er mit der Geschichte von den Verwandten, die ihre üble Laune mit Arbeit bekämpften, ein Samenkorn gelegt, das rasch aufging.

Xanthippe dachte natürlich vor allem ans Geldverdienen. Sie wollte heraus aus ihrer entehrenden Notlage, endlich die Schulden bezahlen, die sich angehäuft hatten. Und sie wollte keinesfalls – wie ihr Gatte, dem es nichts ausmachte – barfuß gehen. So fasste sie bald darauf den erwähnten Entschluss.

In unserer Nachbarschaft gab es unter den Handwerkern einen Vasenmaler mit Namen Gnathon. Dessen Frau traf Xanthippe öfter am Brunnen, und eines Tages lud sie sie ein, mal mit ihr nach Hause zu kommen und die Werkstatt zu besichtigen. So geschah es, und dann erzählte Xanthippe meiner Politta stolz, sie habe nach Gnathons Anweisung selbst eine Schale bemalt, obwohl sie das noch niemals gemacht hatte. Und der Meister habe nur wenig geändert oder hinzugefügt und die Schale dann in den Brennofen gestellt. Xanthippe war sehr überrascht, diese Begabung an sich zu entdecken.

Ich kannte Gnathon natürlich auch und war des Öfteren in seiner Werkstatt. Mit ihm arbeiteten ein paar Familienmitglieder und höchstens zwei oder drei Unfreie. Damals gingen seine Geschäfte nicht schlecht. Die mit feinen roten Figürchen und hübschen Ornamenten bemalte attische Tonware war überall gefragt, sogar in Karthago, Ägypten und Zypern. Zweimal im Monat spannte Gnathon die Maultiere vor seinen Wagen und brachte die sorgsam in

Stroh verpackte Ware nach dem Peiraieus hinunter, wo sie verschifft wurde.

Der begabteste Maler in seiner Werkstatt war sein ältester Sohn, ein wahrer Künstler. Der aber wurde damals gerade achtzehn Jahre alt und musste als Ephebe zwei Jahre lang militärischen Dienst leisten. Gnathon hatte keine Beziehungen zu einem unserer Gewaltigen, und so blieb ihm nichts anderes übrig, als den Jungen schweren Herzens auszurüsten und ziehen zu lassen. Ich verstand seinen Kummer, mir war es ein paar Jahre früher mit meinem Sohn genauso ergangen. Besonders ärgerlich war das für Gnathon, weil ihn die Händler und Schiffseigner gerade zu dieser Zeit mit Aufträgen überhäuften und die Preise für seine Ware stiegen.

Auf der Suche nach Ersatz für den Sohn kam er nun auf die Idee, sich an Xanthippe zu wenden. Er hatte sich ihres Besuchs in seiner Werkstatt erinnert, auch der Talentprobe, die sie ihm spaßeshalber gegeben hatte. So sprach er bei ihr vor und fragte an, ob sie vielleicht bereit sei, ihm eine Zeit lang, gegen Bezahlung natürlich, zu helfen. Stolz ließ sie ihn abblitzen. Als geborene Aristokratin sah sie sich durch sein Ansinnen geradezu in ihrer Ehre gekränkt. Vergebens suchte er ihr klar zu machen, dass nichts Ehrenrühriges dabei sein würde, wenn sie in Gesellschaft freier Frauen, ihrer Nachbarinnen, einer angenehmen künstlerischen Tätigkeit nachginge. Sie lehnte weiterhin ab, wobei sie als zusätzlichen Hinderungsgrund anführte, dass sie ja Kinder habe, die versorgt werden müssten. Er bot ihr an, die Kleinen mitzubringen.

Seine eigenen, schon etwas älter, würden mit ihnen spielen und auf sie aufpassen. Auch das half nicht, also ging er unverrichteter Dinge wieder fort.

Trotz der Abfuhr, die er erhalten hatte, gab er nicht auf. Durch seine Frau ließ er sein Angebot immer wieder erneuern. Auch über Pamphile suchte er auf Xanthippe Einfluss zu nehmen. Sogar mich fragte er, ob ich sie nicht umstimmen könne. Dabei fügte er vertraulich hinzu, dass er ihr ja auch helfen wolle, denn wer wisse in Alopeke nicht, in welch bedrängter Lage die Familie des Sokrates sei. Ich konnte ihn für diese Absicht nur loben, allerdings wagte ich nicht, seiner Bitte nachzukommen.

Dann jedoch hatte Xanthippe diesen missglückten Ausbruchsversuch gemacht, und kurz danach änderte sie ihre Haltung. Sie sagte sich wohl, dass es wenig Sinn hatte, weiterhin ihr Schicksal zu beklagen, mit ihrem uneinsichtigen Gatten zu zanken und dabei bitter und grämlich zu werden. Ihrer Schwester Leukippe den Wohlstand zu mehren, kam selbstverständlich nicht in Frage. Warum aber sollte sie guten Nachbarn, die in Verlegenheit waren, nicht ihre Hilfe angedeihen lassen?

So zog sie also jeden Morgen mit ihren Kindern los, zu Gnathons Anwesen, das nur zwei Steinwürfe von dem ihren entfernt war. Kurz vor Sonnenuntergang kam sie zurück. Wenn ich dann vor der Tür auf der Bank saß und wir ein paar Worte wechselten, vergaß sie nie, beiläufig zu erwähnen, wie dankbar die Nachbarn ihr für ihren uneigennützigen Einsatz seien. Auch Gnathons Frau lobte immer nur ihre Selbstlosigkeit, das war ohne Zweifel so ausgemacht worden. Nun, es sprach sich dennoch herum, dass Xanthippe pro Tag eine Drachme verdiente.

Sokrates war das natürlich recht. Seine Lehre von der vorteilhaften Wirkung nützlicher Tätigkeit auf Seele und Geist fand er nun auch im eigenen Hause bestätigt. Viel seltener empfing ihn seine Frau jetzt am Abend mit Vorwürfen, man hörte kaum noch die, wie ich ja zugeben muss, unterhaltsamen Wortgefechte. Vielleicht war Xanthippe auch einfach nur zu müde zum Streiten. Meist stieg sie schon zu Beginn der Dämmerung, wenn sie die Kinder hingelegt und noch ein bisschen im Hause gewirtschaftet und das Vieh versorgt hatte, ins Gynaikon hinauf. Kam Sokrates spät nach Hause, musste er manchmal lange rufen und klopfen, bis sie gähnend und maulend herunterkam und ihm auftat.

Ab und zu geschah es dann aber doch, dass sie ihm nach alter Gewohnheit die Zähne zeigte. Besonders an eine dieser Nächte erinnere ich mich, in der allerhand passierte. Das war im letzten Jahr der kurzen Friedenszeit.

Kapitel 14

An jenem Abend kam Xanthippe wie gewöhnlich von Gnathon.

Ich saß vor meinem Hause und wartete auf sie, weil ich ein Anliegen hatte. Ich bat sie, mir ihren Esel zu leihen, denn ich wollte am nächsten Tag mit einem großen Sack voller Schuhe nach Pallene. Zu Fuß ist das ja auch ohne Gepäck schon ein langer, beschwerlicher Weg. Als Gegenleistung bot ich ein Paar Sandalen an, wie Frauen sie im Hause tragen. Xanthippe willigte in den Handel ein, und wir vereinbarten, dass ich das Tier kurz nach Sonnenaufgang abholen würde. Ein bisschen plauderten wir noch, und sie erkundigte sich nach meiner Tochter, die in Pallene mit einem Bauern verheiratet war und gerade ihr erstes Kind bekommen hatte. Die Geburt war schwierig gewesen, und meine Tochter erholte sich nur langsam, sodass Politta nach wie vor bei ihr sein und sie pflegen musste. Ich hatte das Amphidromia-Fest zur Aufnahme des Kindes in die Familie dazu genutzt, ein paar Kunden zu werben und wollte nun meine Ware dorthin schaffen.

So suchte ich früh mein Lager auf, damit ich am nächsten Tag ausgeruht war. Mein kleiner Lehrling, der Sohn eines Metöken, lag schon zusammengerollt auf seiner Matte. Ich hörte noch, wie Sokrates nach Hause kam, wie sie nebenan kurz miteinander redeten und Xanthippe die Treppe hinaufstieg. Nach einer Weile vernahm ich im Halbschlaf ein paar Geräusche, auf die ich jedoch kaum achtete. Mir schien aber, dass bei unseren Nachbarn noch einmal das Tor geöffnet und geschlossen wurde.

In der Nacht erwachte ich irgendwann, weil mich die Wanzen plagten und weil im Haus eine drückende Schwüle herrschte. Zerschunden und schweißgebadet trat ich ins Freie und legte mich auf die Bank an der Mauer. Ich starrte eine Weile zum Sternenhimmel hinauf und schlummerte endlich wieder ein.

Doch bald wurde ich abermals gestört. Diesmal waren es nicht die Wanzen, war es auch nicht die Hitze – es war der angeheiterte Sokrates. War er noch einmal weggegangen? Es musste bereits nach Mitternacht sein, doch Rücksicht auf den Schlaf seiner Nachbarn war nie seine Sache gewesen. Schon als er sich auf der Straße näherte, hörte ich ihn ein damals beliebtes Trinklied grölen.

„Denke nicht an das Totenreich,
solange die Jugend uns blüht,
hoho!
Nicht einmal König Sisyphos,
dieser aufgeblasene Gernegroß,
entging dem bitteren Los,
hoho!“

Dann schlug er gegen das Tor, doch war es anscheinend unverschlossen, denn er trat gleich darauf ein. Indem er erneut das Lied anstimmte, trollte er über den Hof. Er wollte wohl gerade unten im Hause verschwinden, als Xanthippe die Treppe herunterkam.

„Du warst noch mal fort? Ich dachte, du schliefst längst. Wie bist du denn überhaupt hereingekommen?“

„Durch das Tor … es war offen …“

„Du hast es also offen gelassen. Bist einfach fortgegangen und jeder Unhold hätte hereinkommen und deiner Frau und den Kindern etwas antun können.“

„Verzeih, Xantha, sei mir nicht böse. Ich habe auch eine gute Nachricht für dich.“

„Wann hättest du je eine gute Nachricht für mich!“

„Es brechen herrliche Zeiten an. Athen ist gerettet!“

„Für dich wird es besser sein, wenn du dich selber rettest! Bei Zeus, ich könnte dich …“

Sokrates kicherte und rülpste.

„Nun gut, dann verschwinde ich wieder. Dann gehe ich eben so Theodote zurück, die ist nicht so unleidlich. Gute Nacht!“

Er machte kehrt und war schon wieder am Tor.

Xanthippe war jedoch mit ihren rasselnden Schlüsseln schneller. Gleich darauf vernahm ich das bekannte Krachen und Quietschen.

„Was hast du eben gesagt?“, fauchte sie. „Theodote? Hast du ‚Theodote‘ gesagt‘?“

„Reg dich nicht auf, Xantha, ich …“

„Du warst bei dieser Hetäre? Dieser hergelaufenen Hure aus Ephesos? So ist das also. Der große Denker und Menschenfreund amüsiert sich mit käuflichen Weibern, während sich seine Frau dafür plagen darf, dass seine Kinder satt zu essen bekommen!“

„Nein, warte! So war es nicht. Ich erkläre es dir. Ich habe mich nur mit ihr unterhalten. Gründlich geprüft hab ich sie!“

„Man riecht es noch. Dieser Bordellgestank! Ekelhaft!“

„Das ist nur Jasmin. Von den Sträuchern in ihrem Garten …“

„Da hast du deinen Jasmin. Mir wird schlecht davon. Du elender alter Wüstling!“

„Xantha! Genug! So hör mir doch zu …“

Es geschah nicht zum ersten Mal, dass sie die Fäuste ballte und in ihrem Zorn auf ihn einschlug. Plötzlich gab es ein großes Gepolter. Er hatte wohl irgendetwas umgestoßen, eine Bank oder einen Hocker.

„Ruhe!“, tönte da ein heiserer Bass. „Es gibt hier Leute, die schlafen wollen. Könnt ihr euch nicht am Tage prügeln?“

Das war Kapros, ihr Nachbar auf der anderen Seite.

Xanthippe blieb ihm nichts schuldig und schrie: „Halt den Mund, Kapros, du hast es nötig! Ihr könnt nicht verlangen, dass wir uns nach euren Gewohnheiten richten! Ihr braucht eben Licht, wenn ihr euch prügelt. Wir tun es am liebsten im Dunkeln!“

Kapros grollte zurück, und auch mehrere Hunde aus der Nachbarschaft mischten sich ein. Es dauerte eine Weile, bis sich alle beruhigten.

An Schlaf war trotzdem nicht zu denken, weil es Xanthippe nicht einfiel, wieder zu ihrer Kammer hinaufzusteigen. Sie gingen auch nicht ins Haus, es war ihnen drinnen wohl ebenfalls zu schwül. Stattdessen setzen sie sich auf die Steine, gleich neben der Mauer. Ein bisschen dämpften sie zwar die Stimmen, aber das meiste kam doch herüber. Natürlich hätte ich meine Matte nehmen und an meine gewohnten Schlafplatz zurückkehren können. Doch ich gestehe, dass mich das Nachtgeflüster der beiden fesselte.

Zunächst unterzog sie ihn einem Verhör. Ob er allein bei Theodote gewesen sei, wollte sie wissen. Ein vornehmer Mann (er nannte den Namen, der mir aber nichts sagte) habe ihn zum Gastmahl geladen, erzählte Sokrates, und er habe erst nicht hingehen wollen, sich aber doch noch aufgemacht. Dort sei nun zu vorgeschrittener Stunde Alkibiades plötzlich erschienen, gerade zurückgekehrt von den Olympischen Spielen. Mit großem Jubel sei er begrüßt worden, dann habe er mit den Gästen des Hausherrn getrunken und von seinem Sieg im Wagenrennen berichtet. Einige Freunde, darunter Sokrates, habe er später noch aufgefordert, mit ihm Theodote zu besuchen, die er nach seiner Heimkehr noch nicht gesehen hatte. Er gelte zurzeit ja als deren bevorzugter Liebhaber. So seien sie also im Haus der Hetäre gelandet. Alkibiades habe sich aber bald wieder davongemacht, und die Stimmung sei hinterher ziemlich flau gewesen. Nun, da habe er eben ein bisschen mit dieser Theodote geredet.

„‚Ich langweile mich', sagte sie zu mir. ‚Kannst du mich nicht ein bisschen aufheitern, Sokrates?'

‚Aber das hätte doch Alkibiades tun müssen', wunderte ich mich. ‚Warum hast du ihn denn so schnell gehen lassen?'

‚Ich habe ihn fortgeschickt', sagte die Dame.

‚Wie? Du hast ihm die Tür gewiesen?'

‚Das gerade nicht, doch ihm zu verstehen gegeben, dass er ein andermal willkommener wäre.'

‚Ihr habt euch doch einen Monat lang nicht gesehen.'

‚Ja, und er hat geglaubt, er könne das ausnutzen.

Hat gedacht, ich würde ihm in die Arme stürzen für nichts und wieder nichts.‘

‚Aber hat er dir nicht ein Diadem geschenkt? Ein prachtvolles Ding?‘

‚Ach was, es war ganz abscheulich‘, erwiderte sie, ‚er wird etwas Besseres bringen müssen.‘

‚Etwas noch Besseres?‘, fragte ich. ‚Mir schien, er sei ungehalten gewesen. Vielleicht kommt er nicht wieder.‘

Da lachte sie nur. ‚Der kommt!‘, erklärte sie siegessicher, ‚und zwar mit dem dreifachen Perlenhalsband, das ich bei Peison schon bestellt habe. Es muss nur noch abgeholt und bezahlt werden.‘

‚Und wie viel kostet es?‘

‚Zwei Talente.‘

‚Zweitausend Drachmen?‘, rief ich. ‚Bei allen Göttern! Mit solchen Preisen glaubst du, dir Freunde zu schaffen?‘

‚Je mehr ich nehme‘, sagte die Dame, ‚desto mehr steigt mein Wert. Und desto höher wird meine Freundschaft geschätzt!‘

Du verstehst, Xantha, dass ich dem widersprechen musste. Ich bin ja der gegenteiligen Auffassung. Freundschaft verdient nur, wer gibt! Ich suchte ihr also klar zu machen, dass das, was sie dafür hielt, nur ein Trugbild sei und sich früher oder später verflüchtigen werde. Und dass sie, um ihre Zukunft zu sichern, wahre Freundschaften aufbauen müsse. Sie erklärte aber, um ihre Zukunft zu sichern, sammle sie lieber Juwelen. Ich wollte sie unbedingt überzeugen und hätte es sicher auch geschafft. Aber plötzlich sagte sie,

sie sei nun müde, und setzte uns vor die Tür."

„Vorhin wolltest du aber doch noch zu ihr zurückgehen", sagte Xanthippe argwöhnisch.

„Sie hätte mich kaum wieder aufgenommen."

„Und du hast wirklich nichts mit ihr gehabt?"

„Mit Theodote?" Sokrates lachte auf. „Von einem Liebhaber nimmt sie ein paar hundert Drachmen. Pro Gunstgewährung, versteht sich. Ich müsste mich noch in der Unterwelt mühen, wollte ich das jemals abzahlen."

„So war es ja ein verlorener Abend für dich", spottete sie. „Du hast nicht einmal eine neue Menschenfreundin gewonnen."

„Oh, es war kein verlorener Abend", widersprach er. „Du weißt noch nicht alles. Auch mit Alkibiades hatte ich ein vertrautes Gespräch. Die alte Zuneigung ist noch lebendig. Wir haben unsere Beziehung erneuert."

„Was heißt das: erneuert?", fragte sie scharf. „Ihr wollt doch nicht etwa wieder …`

„Beruhige dich! Er hat mir nur lebhaft versichert, wie sehr er in letzter Zeit meine Gesellschaft vermisst hat. Seine Reisen, die Staatsgeschäfte, die vielen Verpflichtungen … Aber das soll nun anders werden. Wir wollen wieder öfter zusammenkommen, und er will sich in allen wichtigen Fragen von mir beraten lassen."

„Dann werden wir ja bald elysische Zustände haben. Athen wird eine Insel der Seligen sein."

„So ist es, Xantha. Athen ist gerettet. Alkibiades hat mir sein Herz geöffnet. Als Erster Stratege wird er jetzt durchgreifen. Er ist fest entschlossen, alle Übel zu beseitigen. Mit dem Parteienhass wird nun Schluss sein, auch mit dem Kriegsgeschrei und der Misswirtschaft. Wir werden auf Dauer Frieden und Wohlstand bekommen. Was für ein Glück, dass wir ihn haben! In letzter Zeit zweifelte ich manchmal an ihm. Jetzt sehe ich wieder, wie er ist: edle Seele, erleuchteter Geist, mutiges Herz. Einer, der Großes vollbringen kann! Seine Rückkehr musste natürlich gefeiert werden."

„Bei der Hetäre Theodote."

„Nun … er liebt sie."

„Für ein paar hundert Drachmen pro Gunstgewährung."

„Er ist vermögend – und großzügig."

„Ja, er ist großzügig. Gibt und nimmt. Ehefrauen, Jungfrauen, Männer, Knaben …"

„Übertreibung aus Neid. Weil er die Gabe hat, jeden anzuziehen."

„Nur seine eigene Frau nicht. Hipparete ist ihm davongelaufen, und er hat sie gezwungen, zu ihm zurückzukehren. Denn er konnte die Mitgift nicht zurückgeben. Weil er die nämlich schon verprasst hatte."

Sokrates lachte leise.

„Zugegeben, das machte viel Aufsehen. Und es hat nur seine Beliebtheit gesteigert. Wer heute nach einem hohen Amt strebt, hat so etwas nötig. Ich war damals selber dabei, ich sehe es noch vor mir … wie er vor den Augen des Richters den Papyros mit der Scheidungsklage zerfetzt und wie er die zappelnde Frau auf die Arme nimmt und durch die Reihen der Gaffer über den Markt trägt. Ein tolles Stück!"

„Ich weiß, warum du ihn für alles entschuldigst",

sagte Xanthippe anzüglich.

„Und ich weiß warum du ihn tadelst."

„Warum denn?"

„Weil du mal sehr in ihn verliebt warst. Aber ihn leider nicht bekommen konntest."

„Das ist nicht wahr!"

„Ein bisschen liebst du ihn sogar heute noch."

„Diesen verfetteten, alternden Schönling?"

„Das Schöne ist auch im Herbst noch schön", sagte unser Euripides, ein Kenner."

„Aber wie mag es erst im Frühling gewesen sein … damals in Potidaia. Als ihr das Zelt teiltet, du und er."

„Ich weiß schon, worauf du hinaus willst. Ja, auch ich war in ihn verliebt. Aber ich habe ihn nicht angerührt!"

„Wer das glaubt!"

„Und doch war es so. Denn im letzten Augenblick begriff ich, dass er mich dazu bringen würde, mich ohne Bedenken für ihn gegen Schwerter zu stürzen oder ins Feuer zu springen."

„Hast du nicht beides für ihn getan?"

„Gewiss. Doch nicht ohne Bedenken, sondern mit Überlegung. Das ist ein Unterschied."

„Du hast ihm das Leben gerettet. Mein Vater hat es mir einmal erzählt. Halbtot war er, und du hast ihn mitsamt seinen Waffen vom Schlachtfeld getragen. Und er wurde dann noch dafür ausgezeichnet. Du gingst leer aus."

„Im Gegenteil! Ich gewann seine Treue und Dankbarkeit. Mit einer Prise schlechten Gewissens. Das war wohl berechnet. Nun war er Wachs, ich konnte ihn kneten."

„Und du glaubst wirklich, du hast es geschafft?"

„Bei Zeus! Das glaube ich. Er ist mein Meisterstück! Nach außen verstiegen, verschwenderisch, eitel … im Wesen nüchtern, besonnen, gerecht, charakterfest. Seine äußere Schönheit zerfällt, da ist nichts zu machen. Aber die innere wird sich wie eine herrliche Blüte entfalten. Wir werden noch Wunder mit ihm erleben."

„Du sprichst noch immer wie ein Liebhaber."

„Ich bin ein Liebhaber! Ich bewundere jede Schönheit, allerdings mehr mit dem Blick der Vernunft. Doch der wird umso schärfer, je mehr die Sehkraft der Augen nachlässt."

Sie schwiegen. Dann hörte ich, wie Xanthippe sehr leise und wehmütig sagte: „Andere bewunderst du. Mich erträgst du."

„Wie kommst du darauf?", fragte Sokrates.

„Das hat mir jemand erzählt. Du sollst das auf einem Symposion gesagt haben."

O weh! Ich wusste sofort, woher sie das hatte. Verfluchte Geschwätzigkeit! Irgendwann war ich mal angesäuselt nach Hause gekommen und hatte dieses und jenes ausgeplaudert. Und Politta hatte es weitergetragen …

„Das war nur ein Scherz", sagte Sokrates heiter, wenn auch, so schien es mir, etwas verlegen. „Ich wollte einigen Leuten das Maul stopfen."

„Denen, die über mich reden."

„Über dich, über mich …"

„Was sagten sie denn?"

„Nun … sie sagten, ich hätte die unverträglichste Frau von allen, die es je gab und die es je geben wird."

„Das war Antisthenes, ich weiß schon."

„Der hat es mir nur weitererzählt. Manchmal versucht er, mich damit zu foppen. ‚Ein feiner Menschenbildner bist du, Sokrates. Du schaffst es ja nicht einmal, deine Xanthippe zu zähmen.'"

„Und was hast du geantwortet?"

„Ich sagte: ‚Warum soll ich sie zähmen, mein Teurer?' Leute, die gute Reiter werden möchten, nehmen sich ja auch nicht die sanftesten Pferde, sondern die feurigsten. Wenn sie die meistern, werden sie mit allen anderen leicht fertig. Genauso geht es mir mit meiner Xanthippe. Da ich mit Menschen umgehen will, ist sie gerade richtig für mich. Denn solange ich sie ertrage, weiß ich, dass ich mit allen anderen leicht auskommen würde.' Was ist? Warum sitzt du so traurig da? Das war wirklich nur scherzhaft gemeint. Und eigentlich wollte ich damit sagen, dass ich dich gar nicht anders haben will. So wie du bist, so musst du sein."

„Eine schwer erträgliche, zänkische Frau."

„Streitbar, angriffslustig und scharfzüngig. Wenn auch manchmal ein bisschen zu schlagfertig."

„Fürchtest du dich, nach Hause zu kommen? Bleibst du deshalb immer so lange fort?"

„Durchaus nicht. Ich bedaure die anderen. Die gehen nach Hause, und niemand ist da, mit dem sie weiterstreiten können. Wenn wir uns dann wiedertreffen, sind sie schon ganz aus der Übung."

„Ich bin also dein Übungspartner im Streiten."

„Unter anderem. Und dadurch bleibe ich in guter

Verfassung. Das ist ein Vorteil, wenn er auch nicht die besseren Gründe und Beweise ersetzt."

An dieser Stelle hätte ich beinahe aufgelacht. Doch ich beherrschte mich gerade noch und vermied, mich als Lauscher zu entlarven.

Xanthippe nahm es weniger heiter. Die laue Sommernacht schien sie weich zu stimmen. So empfindsam hatte ich sie noch nie erlebt.

„Kannst du nicht einmal ernsthaft sein, Sokrates?", fragte sie. „Liebst du mich auch ein bisschen?"

„Natürlich, Xantha. Natürlich liebe ich dich."

„Warum?"

„Warum? Das ist heute aber eine anstrengende Nacht. Der einen muss ich erklären, warum ich sie *nicht* liebe ..."

„Theodote?"

„Diese Damen wollen nun einmal geliebt werden. Sie glauben, das seien sie ihrem Ruf schuldig. Dabei wissen sie gar nichts von der Liebe. Sie verwechseln sie mit gewöhnlichem Lustgewinn."

„Und du weiser Mann hast sie aufgeklärt?"

„Ich wollte es tun. Doch dazu kam es nicht mehr. Und es hätte wohl auch nicht viel Sinn gehabt."

„So kläre mich auf."

„Dich? Es ist selten, dass Ehefrauen ihre Männer nach dem Wesen der Liebe fragen."

„Antworte mir."

„Bist du denn gar nicht müde?"

„Ich bin hellwach und wissbegierig. Was also ist Liebe? Nun? Erleuchte mich!"

„Liebe ist Streben nach Unsterblichkeit."

„Das verstehe ich nicht."

„Du willst doch glücklich sein. Oder nicht?"

„Natürlich. Das wünscht sich doch jeder."

„Was ist das nun … Glück?"

„Was das ist? Etwas Schönes."

„Siehst du. Und das willst du haben. Du begehrst diese Schöne."

„Oh ja, ich begehre es!"

„Es ist dir angenehm, an dieses Schöne zu denken."

„Sehr …"

„Der Gedanke erregt dich sogar."

„Erregt dich der Gedanke nicht auch?"

„Du bist krank danach, es fehlt dir."

„Es fehlt mir schon lange."

„Du suchst Übereinstimmung mit dem Schönen."

„Ja, komm doch her … ich will es haben!"

„Aber du willst es nicht nur einen Augenblick lang."

„Ein schöner Augenblick ist doch sehr viel."

„Dennoch strebst du danach, ihn zu verlängern … so oft wie möglich zu wiederholen."

„Wir sollten es wieder öfter tun."

„Du willst diesen Augenblick verewigen."

„Ginge das nur!"

„Es ginge, wenn du nicht sterblich wärst."

„So schnell sterben wir ja noch nicht."

„Nur das Unsterbliche ist ewig."

„Ja … ja, das ist es … so könnte es ewig sein. Weiter, nur weiter …"

Als das Gespräch diesen Punkt erreichte, war kaum zu überhören, dass sich die beiden bereits auf dem Boden wälzten. Die letzten philosophischen Äußerungen zum Thema Liebe hatten sie unter Gestöhn hervorgestoßen, und das waren jetzt eine Zeit lang die einzigen Laute, die noch herüberdrangen.

Schließlich fühlte ich mich sehr einsam und wollte mich gerade verziehen, als sie jenseits der Mauer wieder zu reden begannen. Sokrates konnte nun einmal nicht aufhören, wenn ein Thema nicht erschöpfend behandelt war.

„Ja", sagte er, noch etwas kurzatmig, „damit haben wir die Lösung gefunden. Die Zeugung ist es, Xantha, die Zeugung. Durch sie wird das sterbliche Wesen ewig."

„Die Zeugung?" Ihre Stimme klang beunruhigt. „Du willst doch nicht etwa damit sagen ..."

„Das Sterbliche wird gerettet, indem das Alternde durch ein Junges ersetzt wird ... von der gleichen Art, wie es selber ist. So hat das Sterbliche Anteil am Ewigen. So genießen wir ein unendliches Glück."

„Ich fürchte", murmelte Xanthippe, „so würden wir nur eine Sorge mehr haben."

Es wurde schon hell. Am östlichen Himmel zeigte sich ein rosiger Schimmer. Ringsum erwachten die Hähne.

Sokrates aber war noch immer nicht fertig.

„Nun gibt es außer dem sinnlichen Zeugungsdrang noch den seelischen."

„Was für einen?", fragte Xanthippe und gähnte.

„Es ist der schöpferische Geist, der nach Ewigkeit und Unsterblichkeit strebt. Warum hat Homer die ‚Ilias' gedichtet? Warum hat Thales die Geometrie begründet? Warum hat Herodot sein Geschichtswerk geschrieben?“

„Ich weiß nicht …“

„Aus Liebe.“

„Aus Liebe?“

„Zum ewigen Ruhm. Verstehst du?“

„Hm“, machte sie und gähnte abermals.

„Der gewöhnliche Mensch empfindet den sinnlichen Zeugungsdrang, er wird nur in seinen Kindern unsterblich. Der schöpferische dagegen hat den seelischen Zeugungsdrang. Er verschafft sich ein ewiges Andenken in seinen Werken. Natürlich kann man auch beide Arten von Zeugungsdrang haben. Aber der seelische ist der höhere! Wer ihn hat, wird allmählich zum Freund der Götter. Die sinnliche Schönheit interessiert ihn nicht mehr, er berauscht sich an der Schönheit der Seelen. Und wenn ihm das auch nicht mehr genügt, sucht er Befriedigung in edlen Taten, tiefen Gedanken, neuen Erkenntnissen. So steigt er Stufe um Stufe empor, zu immer höheren Weihen. Und eines Tages ist er ganz oben. Und, was meinst du, sieht er dort?“

Sie antwortete nicht und war wohl eingeschlafen.

Nun verstummte Sokrates auch, und so erfuhren weder sie noch ich, was von der obersten Stufe aus, wenn man die höchsten Weihen erreicht hatte, zu sehen war.

Auch ich schloss noch einmal die Augen und gönnte mir einen kurzen Morgenschlummer. Bald wurde ich aber von meinem Hund geweckt, der mich mit der Schnauze ins Gesicht stupste und sein Futter verlangte. Da ich einen langen Weg vor mir hatte, rüstete ich gleich zum Aufbruch.

Die Sonne war gerade aufgegangen, als ich, den Sack mit Schuhen auf dem Rücken, vor dem Tor meiner Nachbarn stand.

Ich klopfte einmal, ein zweites und schließlich ein drittes Mal.

Endlich hörte ich Xanthippe herbei schlurfen.

„Ich komme schon Simon! Einen Augenblick … warte …"

Sie schloss auf und ließ mich eintreten. Mit ihren ungekämmten, offenen Haaren, in dem kurzen Chiton, an dem noch Grashalme hingen und unter dem sich die reifer und ausladend werdenden Formen abzeichneten, konnte sie einen, der eine einsame, schlaflose Nacht mit ihrem Lustgestöhn im Ohr verbracht hatte, schon in Verlegenheit bringen. Ich war daher froh, dass sie sich gleich abwandte und nicht mitbekam, was sich bei mir unter dem Kittel regte. Wie beneidete ich ihren Ehemann, der schnarchend, den Kopf auf der Brust, an der Hofmauer saß.

„Nun sieh ihn dir an, er hat es nicht einmal bis ins Bett geschafft", sagte die Heuchlerin. „Wenn er nur halb so pünktlich und fleißig wie du wäre! Gedulde dich, Simon, ich hole den Esel."

Sie verschwand in dem schmalen Stall hinter dem Haus und stieß gleich darauf einen Schrei aus. Dann rannte sie in den Gemüsegarten.

Als sie wieder herauskam, rief sie mir zu: „Er ist weg!"

„Der Esel?"

„Er ist verschwunden!"

Sie lief zu Sokrates und rüttelte ihn an der Schulter.

„Wach auf! Nun wach schon auf! Der Esel ist fort!"

Er hob den Kopf, glotzte schlaftrunken und verständnislos.

„Wie? Der Esel …"

„Er ist nicht im Stall!"

„Nicht im Stall? Wo ist er denn?"

„Ja, wenn ich das wüsste! Ich hatte ihn Simon versprochen, er will nach Pallene."

„Und wozu braucht er da unseren Esel?"

„Wozu! Er hat schweres Gepäck. So ein Unglück, das fehlte uns noch. Was machen wir jetzt?"

„Sag ihm, der Esel ist weg. Er kann ihn nicht haben."

Sokrates schloss die Augen und ließ den Kopf wieder auf die Brust sinken.

Jetzt zog sie ihn kräftig am Bart.

„Begreifst du denn gar nicht, was passiert ist? Man hat uns das Tier aus dem Stall geholt! Heute Nacht, als das Tor nicht verschlossen war!"

„Und warum regst du dich darüber so auf?"

„Wer kann das gewesen sein? Wer?"

„Das war ich. Und nun lass mich schlafen."

Er wollte auf die Seite ins Gras sinken, aber sie schüttelte ihn so heftig, dass er erschrocken auf die Beine sprang.

„Du warst das? Aber wann denn? Warum denn?"

„Nun … gestern Abend. Weil ich zum Symposion wollte und weil es schon spät war. Da nahm ich den Esel."

„Und wo hast du ihn gelassen? Bei diesem … dort,

wo du …“

„Nein, bei Simmias.“

„Simmias? Etwa dem aus Theben?“

„Er muss heute dringend nach Hause.“

„Nach Theben? Dreihundert Stadien über die Berge?“

„Deshalb habe ich ihm ja den Esel geliehen.“

„Geliehen? Und was zahlt er dafür? Wie viel hast du verlangt?“

„Von Simmias? Meinem Freund? Aber Xantha … Was sollte ich von dem denn verlangen?“

„Ihr Götter! Warum lasst ihr das zu?“

Sie war außer sich. Aber was nützte es? Der Esel war unterwegs nach Theben und würde vor Ablauf mehrerer Tage nicht zurückkehren. Mir blieb nur die Aussicht, den schweren Sack auf meinem Rücken zu Fuß hügelauf, hügelab nach Pallene zu schleppen.

Sokrates, der mich erst jetzt bemerkte, begrüßte und umarmte mich und bedauerte lebhaft, dass er, weil zwei Freunde gleichzeitig Eselsdienste benötigten, nicht noch einen zweiten Esel bereitstellen könne.

Inzwischen war Xanthippe ins Haus gegangen und kam nun wieder mit den Sandalen, die ich ihr als Vorauszahlung gegeben hatte.

Sie hatte die letzten Worte ihres Gatten gehört und sagte: „Hier gibt es zwar einen zweiten Esel, aber der würde dir nichts nützen, Simon. Deshalb nimm das zurück.“

Das ließ Sokrates aber nicht zu.

„Sie hat Recht“, sagte er. „Der zweite Esel bin ich. Warum habe ich mich nicht erkundigt, ob nicht der erste schon vermietet war! Wenn du also mit dem Ersatz vorlieb nehmen willst … Gehen wir!“

Und schon hatte er mir den Sack abgenommen und ihn sich selber aufgehuckt.

Davon wollte ich natürlich nichts wissen. Xanthippe war plötzlich sehr besorgt, diese Wirkung hatte sie nicht beabsichtigt. Er sei ja wegen Mangels an Schlaf und auch aus anderen Gründen gar nicht im Stande …

Aber Sokrates war nicht umzustimmen. Das Einzige, was wir ihm abringen konnten, war sein Einverständnis, die Last zu halbieren. Wir verteilten meine Ware auf zwei Säcke und verloren dann keine Zeit mehr.

So kann ich den Beispielen für die erstaunliche Ausdauer und Zähigkeit meines Freundes, die vor allem Platon rühmend anführt, hier ein weiteres hinzufügen. Rüstig schritt Sokrates aus, sodass ich, der über zehn Jahre Jüngere, Mühe hatte, ihm zu folgen. Dabei knabberte er seine Sonnenblumenkerne, von denen er immer einen Vorrat bei sich trug, und führte ein munteres Gespräch, das über längere Strecken des Wegs zum Selbstgespräch wurde, weil ich nur noch ächzte und schwitzte und den Mund nicht mehr aufbekam.

Wir erreichten Pallene am späten Vormittag. Zum Glück ging es meiner Tochter besser. Ich beschloss, ein paar Tage dort zu bleiben.

Sokrates stärkte sich mit einem einfachen Mahl, ruhte ein wenig während der Mittagshitze und kehrte am selben Tag nach Athen zurück.

Kapitel 15

An die folgenden Jahre und die Ereignisse, die sie brachten, denke ich nur mit dem größten Unbehagen.

Athen und Sparta belauerten sich, und trotz aller Beteuerungen der Friedensfreunde ahnte man, dass es irgendwann irgendwo wieder losgehen würde. Diesmal passierte es in Sizilien. Zwischen zwei unbedeutenden Griechenstädten war Streit ausgebrochen. Die einen erhielten Verstärkung durch die spartafreundlichen Syrakuser, Die anderen wandten sich an die Athener. Ein prächtiger Anlass, wieder anzufangen! Wer auf Krieg und Eroberung aus ist, lässt sich ja gern um „Hilfe" bitten.

In der Volksversammlung schlugen die Wogen hoch. Viele Vernünftige und Gemäßigte rieten davon ab, athenische Truppen über das Meer zu schicken und sie fern der Heimat in ein Abenteuer mit ungewissem Ausgang zu stürzen. Aber wie viele waren es, denen der Krieg zupass kam: Waffenhändler vom Schlage des Onomakles; Kaufleute, die neue Märkte witterten; ruinierte, zur Auswanderung und Landnahme bereite Bauern; die Masse der Armen, die sich vom Krieg Beschäftigung und Beute versprach.

Einer vor allem aber glaubte, es würden sich so seine kühnsten Träume und Hoffnungen erfüllen: Alkibiades.

Wie hatte sich Sokrates getäuscht, als er sich von diesem Mann Frieden und eine Politik der Vernunft versprach! Der Alkibiades der Hochzeitsfeier hatte sich nicht verändert. Auf jeder Versammlung bestieg er die Rednertribüne und peitschte die Leidenschaften hoch. Schwärmte von den Reichtümern Siziliens, pries die Insel als Stützpunkt für den tödlichen Stoß gegen Sparta, verhieß von dort aus den Sprung nach Karthago, die Herrschaft über die Meere, ein griechisches Weltreich unter Führung Athens und natürlich des Alkibiades. So verdrehte er vielen die Köpfe, und schließlich bekam er, was er wollte: eine Flotte von zweihundertfünfzig Schiffen, ein vieltausendköpfiges Landheer.

Drei Befehlshaber wurden gewählt: er selbst, Lamachos und Nikias. Der Letztere hatte das Unternehmen heftig missbilligt und musste es dennoch mit anführen, weil die Versammlung den stürmischen Alkibiades durch seine Besonnenheit etwas zügeln wollte. Aber was konnte er schon gegen den glänzenden „Welteroberer" ausrichten!

Inmitten der unübersehbaren Menge stand ich mit Politta am Kai, als die stolze Flotte im Peiraieus die Anker lichtete. Denn auf einem der Schiffe war auch unser Sohn, inmitten der Schwerbewaffneten, die aufgeboten waren. Um uns war Jubel und Begeisterung, wir aber standen stumm und drückten einander die Hände. Wie viele Tränen sollte meine Frau noch vergießen …

Ich will hier nicht von diesem Kriegszug berichten, das hat Thukydides schon getan. Meine Leser wissen, wie alles endete. Zwei Jahre später war der Traum von Sizilien und dem griechischen Weltreich ausgeträumt. Die Flotte war größtenteils zerstört, die Reste des athenischen Heers wurden aufgerieben. Siebentausend Männer gerieten bei Syrakus in Gefangenschaft und wurden als Sklaven in die Steinbrüche geschickt. Ob mein Sohn dort oder vorher schon in einer der Schlachten umkam, weiß ich nicht. Es ist ja kaum jemand zurückgekehrt, der Genaues berichten konnte. Von den Feldherren fiel Lamachos im Gefecht, der Warner Nikias wurde nach der Niederlage von den Syrakusern als verbrecherischer Kriegstreiber hingerichtet.

Und Alkibiades?

Er war zum Feind geflohen. Saß in Sparta, hatte die Front gewechselt. Er verriet unseren Feinden alle unsere Geheimnisse und drängte sie, uns den Rest zu geben. Es hieß, dass er es war, der ihnen den Rat erteilt hatte, wieder bei uns in Attika einzufallen. Und in der Tat, so geschah es: Fast zur gleichen Zeit, als in Sizilien alles zusammenbrach, eroberten die Spartaner unter ihrem König Agis einen Teil unseres Landes und errichteten in Dekeleia, nur hundert Stadien nördlich und in Sichtweite von Athen. einen Stützpunkt, ein befestigtes Lager. Von dort aus konnten sie die Stadt jederzeit angreifen.

Ich erinnere mich lebhaft, welche Wut die Athener damals auf den Verführer und Verräter Alkibiades hatten. Denselben Mann, dem die kurze Zeit vorher noch die Füße geküsst hätten, würden sie jetzt wohl in Stücke gerissen haben, wäre er unter ihnen erschienen. Zu seiner Entlastung muss man allerdings anführen, dass sie selber an seinem Verrat nicht unschuldig waren. Gegner hatte er immer gehabt, und ein gewisser Klüngel von Oligarchen, der fürchtete, er könnte zu mächtig werden, hängte ihm kurz nach der Ausfahrt des Heeres einen Prozess wegen Religionsfrevels an. Aufgefordert, zurückzukehren und sich der Anklage zu stellen, zog er es vor, sich abzusetzen. Müssen Leute, die ihren Ersten Strategen zum Siegen hinausschicken, während sie ihn zu Hause mit dem Todesurteil bedrohen (das dann in Abwesenheit des Angeklagten auch verhängt wurde), nicht ihrer Verrücktheit wegen bestraft werden? Athen sollte seine Strafe erhalten …

Noch war es nicht so weit, aber die Folgen der schrecklichen Ereignisse waren natürlich allgegenwärtig. Jede zweite Familie trauerte um einen, der nicht zurückgekehrt war. In der Volksversammlung blieben die Bänke halb leer. Und auf der Agora herrschte nicht mehr das fröhliche Markttreiben früherer Tage. Viele Händler hatten nichts mehr zu verkaufen, weil unsere Feinde die Schiffe hinderten, in den Peiraieus einzulaufen. Die Spartaner in Dekeleia beraubten und töteten die Bauern, die Getreide und Schlachtvieh nach Athen bringen wollten. Für Wein und Lebensmittel, die sich horten ließen, wurden jetzt Wucherpreise genommen.

An Schuhen dagegen war nur wenig Bedarf. Zwei oder drei Paar Opanken pro Monat – das war alles, was damals bei mir bestellt wurde. Und die musste ich noch fast wegschenken, um mir die Kunden zu erhalten. Ich bekam auch kaum Leder, weil eine Gerberwerkstatt nach der anderen zumachte. Die Spartaner in Dekeleia lockten nämlich die Sklaven weg, indem sie ihnen die Freiheit versprachen. Kein Wunder, dass die in hellen Haufen überliefen. So hatte ich kaum etwas zu tun, und die Stimmung im Hause war gedrückt. Politta weinte, klagte und brachte dreimal am Tage ein Opfer am Hausaltar, in der Hoffnung, es könnte vielleicht unserm Sohn noch nützen. Ständig lag sie mir in den Ohren: Warum ziehen wir nicht in die Stadt zu unseren Verwandten, wo es sicherer Ist? Aber bis in die Vororte von Athen wagten sich die Feinde nun doch nicht, und ich hatte auch keine Lust, mich fortzurühren. In Alopeke hatte ich Freunde und ab und zu angenehme Gesellschaft. So hielt man eine solche Zeit besser durch.

Ganze Tage verbrachte ich mit Sokrates. Auch er saß jetzt meist zu Hause herum und langweilte sich. Wie in der ersten Zeit ihrer Ehe wollte ihn Xanthippe nicht fortlassen. Der Grund war nun allerdings nicht mehr, in zum Behauen von Steinen zu nötigen. Seit er ein paar Mal bedroht worden war, hatte sie Angst um ihn. Einmal war es sogar zwischen seinen Anhängern und jungen Männern von einer oligarchischen Bruderschaft, die ihm ans Zeug wollten, zur Schlägerei gekommen. Auch wir, seine Freunde aus der Nachbarschaft, rieten ihm, jetzt nicht in der Öffentlichkeit zu erscheinen: „Es ist besser, du bleibst eine Weile unsichtbar. So lange, bis sich die Wogen geglättet haben."

Und Xanthippe, die gerade wieder schwanger war, fügte hinzu: „Kümmere dich lieber um deine Kinder. Vielleicht gelingt dir ja noch etwas Besseres als ‚Menschenbildner'. Nach diesem fürchterlichen Reinfall."

„Dafür kann man mich nicht verantwortlich machen", protestierte er störrisch. „Das ist ungerecht."

„Ist es das wirklich?". fragte Xanthippe. „Alkibiades ist doch dein Meisterstück. ‚Eine edle und große Seele … besonnen, gerecht und charakterfest! Wir werden noch Wunder mit ihm erleben.' Wie wahr! Erst treibt er Athen in den Krieg, dann macht er sich nach Sparta davon, und nun kühlt er an uns auch noch seine Rache. Und kennst du schon die letzte Neuigkeit? Ein Spion soll sie mitgebracht haben, und selbstverständlich ist sie *das* Stadtgespräch. Auch denen zeigt nun Alkibiades, wie edel er ist. Nachdem er den König Agis verleitet hat, gegen uns loszumarschieren, hat er eine Liebschaft mit der Königin Timaia begonnen. Sie ist noch nicht ganz so weit wie ich, aber auch guter Hoffnung."

„Es ist eben niemand mehr bei ihm, der ihn zum Maßhalten auffordert", sagte Sokrates bekümmert.

„Ist das alles, was du dazu zu bemerken hast? Du könntest wenigstens einmal empört sein!"

„Man muss versuchen, ihn zu verstehen."

„Verstehen! Die ganze Stadt kocht vor Wut, und du zeigst Verständnis! Man hält dich ja ohnehin für mitschuldig. Eine bitterböse Schrift wird verbreitet: ‚Die Wahrheit über Sokrates und Alkibiades'."

„Woher weißt du das?"

„Von Leukippe. Die weiß es von Aristarch."

„Stimmt das wirklich?", fragte mich Sokrates.

„Ja", sagte ich. „Man vergleicht darin Alkibiades mit einem Athleten, der einmal viel versprechend war, aber nun schmählich versagt. Dich dagegen mit dem Gymnasten, der ihn verdorben hat."

„Wie ungerecht!“ Sokrates lächelte bitter. „Es waren andere, die ihn verdorben haben. Kann man denn einen Übungsleiter dafür verantwortlich machen, dass ein Athlet, mit dem er vor langer Zeit mal gearbeitet hat, plötzlich nur schlechte Leistungen bringt? Nachdem er durch leichte Siege verwöhnt worden ist? Nachdem sich andere an ihn herangedrängt und ihn mit falschen Methoden außer Form gebracht haben? Nachdem ihn die Menge immer wieder auf die Schultern gehoben hat, obwohl er solche Ehrungen gar nicht verdiente? Wer ist schuld daran, dass sich Menschen für Götter halten? Die Schmeichler, die Jubler, die Anbeter! Müssen Götter noch an sich arbeiten? Müssen sie noch ihren Charakter bilden?“

„Warum nicht?“, spottete Xanthippe. „Du kannst dich ja mal als ‚Götterbildner‘ versuchen. Wozu hast du die guten Verbindungen zu ihnen … durch deinen Dämon? Zeus ist unbeherrscht, Poseidon launenhaft, und beide sind gewalttätig. Wenn du sie das Gute und Schöne lehrst, werden wir bestimmt nur noch prächtiges Wetter und ruhige See haben.“

Sokrates lachte. Aber es war kein unbeschwertes, fröhliches Lachen. Oft war er in letzter Zeit in sich gekehrt und sogar, was bei ihm äußerst selten vorkam, mürrisch und abweisend. Der tiefe Fall des Alkibiades – im Sinne seines Anspruchs an menschliche Größe und Vollkommenheit – machte ihm mehr zu schaffen, als er zugeben wollte. Auch wenn er es von sich wies (ich meine, zu Recht), dafür noch irgendwie verantwortlich zu sein, blieb das ungute Gefühl eines gewaltigen Irrtums, eines Irrtums überdies, auf den ihn andere schon seit Jahren immer wieder aufmerksam gemacht hatten. Zum ersten Mal hatte er sich in einem Menschen vollkommen und gründlich getäuscht. Seine so oft bewährte Fähigkeit, hinter der Schale rasch den Kern zu erkennen, hatte versagt. Den Kern, den er hier wohl mit dem blinden Auge der Liebe entdeckt hatte, gab es nicht.

Übrigens soll er, wie ich später hörte, mehrmals den Versuch gemacht haben, zu Alkibiades vorzudringen und ihn von seinem Kriegsplan abzubringen. Er hatte wohl tatsächlich geglaubt, was der angetrunkene Halbgott auf einem nächtlichen Gelage, wo sie sich zufällig begegnet waren, daher schwadroniert hatte: künftig vor allen wichtigen Entscheidungen auf den Rat des alten weisen Freundes hören zu wollen. Bei Tage hatte der Erste Stratege seine Leibwächter vermutlich angewiesen, ihm diesen Ratgeber weit vom Leibe zu halten.

Mir war es natürlich recht, dass sich Sokrates eine Weile aus der Öffentlichkeit zurückzog. Da er Gespräche und Erörterungen zum Leben brauchte wie andere Menschen Gerstenbrei, Oliven und Wein, war es mir nun vergönnt, ihm oft als Einziger zuzuhören und ihn durch Fragen und Bemerkungen immer wieder zu neuen Betrachtungen anzuregen. Wir ließen kein Thema aus, und hinterher machte ich mir ausführliche Notizen. In einer Kammer meines Hauses stapeln sich immer noch Wachstafeln mit diesen Aufzeichnungen. Irgendwann, ehe meine Lebenszeit abläuft, werde ich sie wohl in eine lesbare Fassung bringen und dann, den berühmten Autoren nacheifernd, meine „Gespräche mit Sokrates" herausgeben.

Xanthippes Hinweis, er sollte sich mehr um die Kinder kümmern, nahm Sokrates ernst. Da das Geld für einen Grammatisten nicht reichte, lehrte er den Älteren selber das Lesen und Schreiben. Unermüdlich zeichnete er mit einem Stöckchen Buchstaben und Wörter in den Sand und erklärte ihre Bedeutung. Er würfelte auch gern mit den Jungen oder schnitzte und bastelte für sie Spielzeug.

An den Abenden kamen oft Nachbarn vorbei, und einer brachte immer einen Krug Wein mit. Dann gingen wir gewöhnlich zu mir, damit wir den Schlaf der Kinder nicht störten. Manchmal erschienen auch einige von Sokrates' Freunden aus der Stadt.

Unter diesen war meist der schöne Charmides, in den Sokrates ein bisschen verliebt war. Und einmal sogar dessen einstiger Vormund Kritias, der bekannte Dichter und Verfasser philosophischer Schriften. Jeder weiß, wie viel Unheil die beiden später über Athen bringen sollten. Damals aber gaben sie sich noch gemäßigt. Als begüterte, einflussreiche Männer gehörten sie zur Partei der Oligarchen, und beide hatten Alkibiades heftig bekämpft. Im Gegensatz zu vielen ihrer Gesinnungsgenossen maßen sie aber Sokrates keinen Anteil an dessen Verfehlungen zu und versprachen auch, solchem Verdacht entgegenzuwirken.

Ich war damals mächtig stolz darauf, dass der vornehme und berühmte Kritias, Abkomme eines uralten Adelsgeschlechts, sich nicht zu schade war, mein bescheidenes Anwesen zu beehren. Er nahm sogar an meiner Seite auf der Bank an der Hofmauer Platz, erkundigte sich mitfühlend nach meinem Sohn und kraulte dabei meinen Hund. Er war etwa so alt wie ich und schon grau, im Gespräch aber lebhaft und leidenschaftlich wie ein ganz Junger. Er und Sokrates verstanden sich, wenngleich ihre Ansichten oft weit auseinander gingen, und sie bestritten an jenem Abend die Unterhaltung fast allein. Worum es im Einzelnen ging, weiß ich nicht mehr genau, es wurde jedoch kaum über Tagesereignisse gesprochen. Kritias und Sokrates – dessen erinnere ich mich noch – sprachen über die Vorkriegszeit, erzählten Geschichten von Aspasia, Perikles und Pheidias. Bei der Gelegenheit erfuhr ich erst, dass Kritias, damals noch ein sehr junger und unbekannter Mann, eine Zeit lang zu Sokrates' engstem Freundeskreis gehört hatte. Er bezeichnete sich sogar als Schüler des Alten.

Gegen Ende des Abends drehte sich das Gespräch um das Wesen der Dichtkunst, und wir alle wetteiferten im Aufsagen der unvergänglichen Verse von Archilochos, Simonides und Pindar.

Im Gedächtnis geblieben ist mir auch sein Hymnus auf den Dichter Anakreon, den Kritias, den wir später den „Blutigen“ nannten, mit lächelndem Munde und schon etwas weinselig vortrug:

„... ihn, Anakreon, den Lieblichen,
führte Teos nach Hellas,
ihn, den Reiz der Gelage,
Verführer der Frauen,
der schmeichelnd tönt wie die Flöten,
der die Leier liebt,

den Heiteren, Frohen!
Niemals wird die Neigung zu dir
verwelken und schwinden …"

Kapitel 16

Eines Tages gab es plötzlich Lärm und Geschrei, und hinter der Hofmauer schlugen Flammen empor. Der Holzschuppen mit dem Strohdach, die frühere Werkstatt des Sokrates, brannte völlig herunter.

Zum Glück hielt die Lehmziegelmauer das Feuer auf, und da es windstill war, stoben kaum Funken zu uns herüber. Mein Anwesen blieb vor Schaden bewahrt, bei unseren Nachbarn aber war er nicht unbeträchtlich, weil auch Körbe, Gartengeräte und Handwerkszeug Beute der Flammen wurden. Den zweirädrigen Karren hatte Sokrates immerhin noch herausbringen können. Wir Nachbarn liefen gleich mit wassergefüllten Krügen und Wannen hin und dann bildeten wir noch eine Kette zum Brunnen. Sogar Kapros, mit dem Xanthippe ständig auf Kriegsfuß stand, beteiligte sich. Mit vereinten Kräften hatten wir nach kurzer Zeit das Feuer erstickt. Nur noch ein Haufen Asche, in dem verkohlte Bretter schwelten, erinnerte an den Brand. Geschwärzt waren auch die unfertigen Bildwerke, marmornen Blöcke und Platten, die da noch immer ihr unbeachtetes Dasein fristeten.

Trotz ihrer vorgeschrittenen Schwangerschaft hatte Xanthippe sich nicht geschont und kräftig beim Löschen zugepackt. Erst hinterher setzte es Ohrfeigen für den sechsjährigen Lamprokles, den Verursacher des Unglücks. Er hatte an der Kochstelle einen Span entzündet und Fackelträger gespielt. Bei dem Festumzug, den er mit seinem kleinen Bruder rund um den Hof gemacht hatte, war er auf einen der Steinblöcke geklettert und dabei dem Strohdach zu nahe gekommen.

Für Sokrates gab es nun manches zu tun, und ich half ihm dabei. Ich lieh ihm mein Werkzeug, als er verschiedene Geräte, von denen nur die Holzteile verbrannt waren, wieder brauchbar machte. Ich selber stieg auf die Leiter und tauschte mit Hilfe des Jungen, meines Lehrlings, einen Balken an seinem Hause aus, der etwas abbekommen hatte. Politta gefiel das zwar nicht, sie fand, dass ich mit meiner nachbarlichen Gefälligkeit zu weit ging und dass nichts dabei für uns heraussprang. Aber ich ließ sie brummen. Ein Lächeln Xanthippes war ja auch etwas wert.

Zwischen ihr und mir hatte sich eine gewisse Vertrautheit entwickelt, Sie sah nicht ungern, wenn ich zu ihnen kam, natürlich vor allem, weil Sokrates sich dann weniger langweilte und zu Hause blieb. Gleichermaßen aber schätzte sie wohl, dass ich ab und zu in ihrer Wirtschaft mit Hand anlegte, mal eine Kühlgrube aushob, mal eine Truhe ausbesserte, mal den Herd neu aufmauerte. Zwar hätte Sokrates das alles auch zu Wege gebracht, doch sein Eifer erlahmte meist schnell. Häufig legte er Pausen ein, erging sich in tiefsinnigen Betrachtungen und kam nur sehr langsam zum Ende. Bei der Arbeit sah mir Xanthippe bisweilen zu, sie reichte mir dies und das, und dabei plauderten wir miteinander. Sie hatte sich sehr verändert, nichts war übrig geblieben von der hochnäsigen Aristokratin, die mir anfangs begegnet war.

Sie war jetzt in ihren späten Dreißigern, noch

immer schön, wenngleich ihre schwarzen Augen von einem Netz winziger Fältchen umgeben waren. Ein breiter grauer, fast weißer Streifen zog sich durch ihre dunkle Mähne. Ihre Haltung war niemals besonders vornehm gewesen, jetzt unterschied sie sich kaum noch von der der übrigen Weiber ringsum. Sie saß breitbeinig da, die Füße nach innen gekehrt, stemmte die Fäuste in die Seiten und warf beim Lachen den Kopf zurück. Ihre selbst gewebten, hoch gegürteten und jetzt während der Schwangerschaft besonders knapp sitzenden Gewänder, die mehr sehen ließen, als die gute Sitte erlaubte, trug sie mit selbstbewusster Ungeniertheit.

Unter uns Nachbarn in Alopeke war ich nicht der Einzige, dem sie gefiel, und leider hatte nicht jeder so viel Anstand, in ihr die Gattin eines anderen zu achten. Seit einiger Zeit schon war mir aufgefallen, dass Xanthippe nur noch unregelmäßig die Werkstatt des Vasenmalers Gnathon aufsuchte, und schließlich ging sie gar nicht mehr hin. Die Sache endete mit einem handfesten Krach.

Das geschah wenige Tage, nachdem der Schuppen abgebrannt war. Sokrates und ich saßen im Hof, um uns spielten die beiden Kinder. Ich hatte gerade die Schneide eines Bohrers aus der Asche geklaubt und war dabei, sie mit einem neuen Schaft zu versehen. Sokrates hatte sich einen Hammer vorgenommen, dessen Stiel halb verkohlt war. Bald verlor er aber die Lust und begann, in einer Papyrosrolle zu lesen, die ihm einer seiner jungen Freunde gebracht hatte. Es waren – was denn sonst? – „Gespräche mit Sokrates“, die der hoffnungsvolle Philosoph vervielfältigen, vorher aber vom Meister durchsehen lassen wollte. Ich beobachtete Sokrates, während er las, und hatte mein Vergnügen dabei. Seine Miene drückte immer wieder Erstaunen, ja Verblüffung aus, während er die Lippen murmelnd bewegte und sich die Rolle dicht vor die Augen hielt. Er war so vertieft, dass er nicht einmal die Fliege verjagte, die dreist über seine Glatze und schließlich bis zu seiner Nase spazierte.

Aus unserer Beschaulichkeit wurden wir jäh aufgeschreckt, als wir plötzlich von jenseits der Hofmauer Xanthippes Stimme hörten. Wir verstanden nicht, was sie sagte, doch ließ der Tonfall nichts Gutes ahnen. In ihre heftige Rede mischten sich Gnathons Poltern und Grollen und schließlich auch noch das piepsige Gekeife seiner Gattin. Währenddessen näherte sich Xanthippe ihrem Haustor. Als sie es aufriss, drehte sie sich noch einmal um und schrie ein Schimpfwort zurück, das ich niemals bisher aus ihrem Munde wie überhaupt dem einer Frau gehört hatte und das hier wiederzugeben mir der Anstand verbietet.

Sie schlug das Tor hinter sich zu und lehnte sich mit hochrotem Kopf und wogendem Busen an die Mauer.

Wie immer stürmten die Kinder zu ihr hin, und während sie sich mit ihnen abgab, beruhigte sie sich ein bisschen. Nach einer Weile erst kam sie zu uns. Sie setzte sich neben Sokrates auf die Bank, faltete die Hände im Schoß, zog ein finsteres Gesicht und schwieg.

„Du kommst ja heute früher nach Hause“, sagte er nach einer Weile vorsichtig. „Hat Gnathon nichts mehr für dich zu tun?"

„Nichts!", sagte sie schroff, ohne etwas hinzuzufügen.

Sokrates nickte, als befriedigte ihn diese Antwort, und beugte sich wieder über die Schriftrolle.

Als sie mir einen empörten Blick zuwarf, fühlte ich mich bemüßigt zu sagen: „Wir hörten, ihr hattet Streit miteinander."

„Wir hatten beinahe noch mehr miteinander", erwiderte sie. „Meinen Gatten scheint das aber nicht weiter zu kümmern!"

„Oh, ich ahne schon etwas", sagte Sokrates und sah auf. „Doch vielleicht ist es dir peinlich, Xantha, in Simons Gegenwart darüber zu reden."

„Warum sollte mir denn peinlich sein, wo es doch schon die ganze Nachbarschaft weiß?"

„Es ist also etwas vorgefallen."

„Trefflich vermutet! Und zwar sehr viel. Interessiert dich, welches die Gründe sind … dafür, dass Gnathon nichts mehr für mich zu tun hat?"

„Natürlich, es interessiert mich."

„Interessiert es dich mehr, als das Geschreibsel da?"

„Gewiss doch."

„Dann sperre die Ohren auf und höre!" Sie sah ihn scharf von der Seite an, und es schien wahrhaftig, als ob sie das Folgende in einem einzigen Atemzug herunterrasselte. „Erstens, weil durch den Krieg der Handel gestört ist. Zweitens, weil wegen erstens kaum noch attische Vasen gefragt sind. Drittens, weil wegen zweitens Gnathon Mangel an Aufträgen hat. Viertens, weil wegen drittens besondere Wünsche vermögender Kunden erfüllt werden müssen, und zwar nach gewagten erotischen Bildern. Fünftens, weil wegen viertens meine Malereien nicht mehr zu brauchen waren, denn es fehlte mir dazu an Einfällen. Sechstens, weil wegen fünftens dieser verfluchte Gnathon frech wurde, wollte er mir doch, wie er sagte, gleich ein paar kühne Einfälle liefern. Siebtens, weil wegen sechstens eine Amphora, die gerade zur Hand war, krachend an seinem Schädel kaputtging. Hörst du mir zu?"

„Ich höre, ich höre! Und nun?"

„Nun hat er ein Loch im Kopf und ich bin ohne Arbeit."

Sie sah ihn noch immer unverwandt an, so als erwartete sie etwas ganz Bestimmtes.

„Eine erstaunliche Geschichte", sagte er schließlich, nachdem er mir einen kurzen verlegenen Blick zugeworfen hatte. „Er hat es wirklich bei dir versucht? Obwohl du schwanger bist?"

„Das hielt ich ihm auch vor. Aber er sagte, als Griechen störe ihn das nicht. Dabei trat er von hinten an mich heran und hob mein Gewand auf. Er wollte auch gleich mit mir hinter die Büsche."

„Bei Zeus!", entfuhr es mir. „Das ist unverschämt."

„Ja", sagte Sokrates ernst, „das hätte ich auch nicht von diesem Gnathon erwartet. Dafür hat er eine Lehre verdient! Ich werde zu ihm gehen und …"

„Willst du das wirklich?", rief Xanthippe mit freudig aufblitzenden Augen. „Du brächtest es fertig, dorthin zu gehen und diesem widerlichen Kerl …"

„Selbstverständlich! Das tue ich!"

„Aber er hat doch schon sein Teil."

„Das genügt nicht. Ich werde trotzdem …"

„Tatsächlich? Das wirst du?“

„Ja! Das werde ich. Ich werde ein ernstes Gespräch mit ihm führen. Über Besonnenheit und Selbstbeherrschung!“

„Du willst … ein Gespräch?“

Xanthippe starrte ihn einen Augenblick an. Dann schlug sie sich auf die Schenkel und brach in ein solches Gelächter aus, dass ihr Bauch hüpfte und wackelte.

„Ein Gespräch?“, rief sie kichernd und glucksend. „Über Besonnenheit? Über Selbstbeherrschung? Und ich dachte, du wolltest wie ein beleidigter Ehemann handeln.“

„Du meinst … was?“

„Na, ihm einen Rettich in den Hintern treiben!“

Nun war es Sokrates, dem es erst einmal die Sprache verschlug. Nichts war ihm ferner als der Gedanke, an seinem Nachbarn Gnathon die verbreitete rohe Bestrafung ertappter Ehebrecher zu vollziehen. Xanthippe hatte das natürlich auch nicht erwartet, und es war ja im Grunde noch nichts passiert. So stimmten wir beide in das Gelächter ein, und wir drei amüsierten uns köstlich.

Freilich hatte die Angelegenheit auch eine sehr ernste Kehrseite. Die Drachmen würden nun fehlen, die Xanthippe von Gnathon nach Hause gebracht hatte. Das sprach sie schließlich ganz offen aus. Inzwischen hatte sie mir gegenüber jede Großtuerei und Verstellung aufgegeben.

„Gut“, sagte sie, „da es für die Rettiche aus unserem Garten keine bessere Verwendung gibt, werde ich sie auf dem Markt verkaufen."

„Du willst auf die Agora gehen? Als Marktfrau?", fragte ich ungläubig.

„Ich werde auch Kohl, Zwiebeln, Lauch und Lattich feilbieten."

„Kommt nicht in Frage!", sagte Sokrates. „In deinem Zustand musst du dich schonen."

„Es genügt ja vollkommen, dass *du* dich schonst. Aber du meinst wohl etwas anderes. Es wäre dir unangenehm, habe ich Recht? Deine Frau auf dem Markt, ihre Waren ausschreiend. Ja, auch ich wäre früher empört gewesen, hätte mir das jemand vorausgesagt. Aber die Zeiten ändern sich, und wir ändern uns mit ihnen."

„Du wirst keinen Kunden finden. An Kohl und Lattich ist ja kein Mangel."

„Oh, darüber mach dir nur keine Sorgen. Ich bin nicht weniger zungenfertig als du, und da du Kunden für deine nutzlosen Sprüche findest, werde ich wohl welche für meinen nützlichen Kohl finden."

„Ganz nutzlos sind ja meine Sprüche anscheinend nicht", verteidigte sich Sokrates schmunzelnd. „Diese Schrift hier, die mir Kritobolos neulich gebracht hat, enthält eine ganze Menge Nützliches. Jedenfalls behauptet das Kritobolos. Er sagt, dass er die Schrift verbreiten und die Einnahmen mit mir teilen will. Was sagst du nun?"

„Du willst Geld nehmen?", fragte Xanthippe überrascht.

„Warum nicht? Es würde mich ja zu nichts verpflichten."

Sie warf einen skeptischen Blick auf die Papyrosrolle. „Steht denn da irgendetwas drin, was die Leute interessiert?“

„Es ist ein schwieriges Werk“, räumte Sokrates ein, „und der Leser braucht guten Willen dazu. Das meiste verstehe ich selbst nicht.“

„Was schreibt er denn so?“, fragte ich neugierig.

„Zum Beispiel … diese Stelle hier. Ich lese sie schon zum dritten Mal und komme noch immer nicht dahinter, wie es gemeint ist. ‚Sokrates sagt: Wenn wir nun etwas Größeres fänden, das größer ist als das sonstige Größere, nicht aber größer als das wäre, womit verglichen sonst das Größere größer ist …“

„Das findet sicher reißenden Absatz“, unterbrach ihn Xanthippe seufzend. „Du wirst so viel einnehmen, dass dich der König Kroisos darum beneiden würde.“

„Es scheint, Kritobolos hat mich da etwas missverstanden.“

„Warum schreibst du nicht endlich selber, Sokrates?“, versuchte ich ihn – zum wiederholten Mal übrigens – anzuregen. „Es wird dir so tolles Zeug in den Mund gelegt, dass viele begierig sind, deine wirklichen Ansichten kennen zu lernen. Das könnte ein bedeutendes Werk werden.“

„Ja“, sagte Xanthippe, „setz dich hin, schreibe! Du hast doch den seelischen Zeugungsdrang. Dir liegt an der Unsterblichkeit, und mir liegt daran, dass du zu Hause bleibst.“

„Nein, nein!“, wehrte Sokrates lebhaft ab. „Daraus wird nichts! Ich habe schon immer gesagt, dass daraus nichts wird. Kein einziges Wort würde mir einfallen, wenn ich hier mutterseelenallein vor einer Schreibtafel säße."

„Du bist doch nie um Worte verlegen."

„Vorausgesetzt, es gibt Widerworte. Was ich nun einmal brauche, ist das Gespräch, ist der Streit."

„Wenn es weiter nichts ist, das kannst du haben. Widerworte – so viele du willst."

„Ich weiß. Da wäre nur eine Schwierigkeit. Wie sollte ich mitschreiben ... bei deinem Tempo."

Wieder lachten wir alle drei.

„Da hast du es, Simon, auch davor drückt er sich", sagte Xanthippe. „Es wäre ja auch mit Arbeit verbunden. Lieber schwatzt er nur und lässt die Unsterblichkeit sausen."

„Willst du es nicht doch einmal ernsthaft erwägen?", drängte ich Sokrates. „Du musst schreiben, es ist notwendig!"

„Hör auf damit!", sagte er. „Schreiben! Notwendig! Was soll ich denn schreiben? Selbst wenn ich wollte ... Glaubst du, mein bisschen Weisheit – wenn ich überhaupt welche habe – reicht dazu aus? Sie ist viel zu alltäglich, hat nur menschliches Maß. Eine Weisheit muss über das menschliche Maß hinausgehen ... dann erst berechtigt sie zum Schreiben und macht unsterblich. Dazu muss man aber ein großer Gelehrter sein wie Protagoras oder ein Dichter wie Sophokles. Bin ich das? Seht ihr! Und deshalb, Xantha, muss ich mir meine Unsterblichkeit auf die übliche, die bewährte Weise verdienen, so wie alle gewöhnlichen Männer."

Bei diesen Worten legte er seiner Frau lächelnd die

Hand auf den Leib und streichelte ihn.

Der kleine Lamprokles kam heran und fragte: „Mutter, wie wird denn mein neues Brüderchen heißen?“

„Stratonikes soll es heißen“, sagte Xanthippe.

„Nein, Xantha!“, widersprach Sokrates. „Der Name gefällt mir nicht, er klingt so kriegerisch. Warum nennen wir ihn nicht Menexenos?“

„Weil einer deiner Freunde so heißt? Dann schon besser Menekrates.“

„Oder Menippos.“

„Poseidippos!“

„Hermippos!“

„Hermogenes!“

„Diogenes!“

„Diotimos!“

„Warte doch mal!“, rief Sokrates plötzlich. „Warum strengen wir uns so an und suchen nach einem männlichen Namen? Es wird doch diesmal ein Mädchen!“

„Glaubst du wirklich?“

„Ja! Und die heißt natürlich Xanthippe. Xantha die Jüngere!“

„Ach, das wäre wunderbar!“, sagte sie und blickte mich an. „Ich wünsche mir so sehr eine Tochter.“ Sie lehnte sich an Sokrates’ Schulter und ergriff seine Hand. „Würde es dir auch wirklich nichts ausmachen?“

Er setzte eine pfiffige Miene auf.

„Im Gegenteil! Schließlich wirst du mal älter. Wenn du nicht mehr die Kraft hast, mit mir zu streiten … wer soll dich ersetzen?“

„Unverbesserlich bist du!“ Sie knuffte ihn in die Seite. „So spricht nun ein alter Zausel, der bald seine sechzig Jahre auf dem Buckel hat! Deine Tochter wird dich ‚Großvater‘ nennen.“

Es wurde noch ein sehr fröhlicher Nachmittag. Xanthippe brachte den Ziegenfellschlauch mit Wein herbei, den der junge Schriftsteller dem Meister für seine Mühen dagelassen hatte. Während wir Männer sehr sparsam mit vier Teilen Wasser mischten, mogelte sie und füllte sich hinter unserem Rücken immer mal wieder einen Becher Puren nach.

Etwas unbeherrscht war Xanthippe im Weingenuss. Und diese Leidenschaft sollte ihr später noch tüchtig zu schaffen machen.

Kapitel 17

Der Frohsinn verging, zurück blieben die Sorgen.

Der Gedanke, zum Markt zu gehen und dort Gemüse zu verkaufen, reifte bei Xanthippe schon bald zum Vorsatz. Dann kam aber irgendein Fest dazwischen, ich weiß nicht mehr welches, und hinterher hatte sie plötzlich eine neue Idee.

Dieses Fest hatten wir bei unseren Verwandten gefeiert. Politta und ich waren zu unserer Tochter nach Pallene gegangen, und ich war, offen gesagt, recht froh, dass meine Frau vorübergehend dort bleiben wollte. So brauchte ich mir eine Weile nicht ihr Gejammer anzuhören. Als ich nach Alopeke zurückkehrte, suchte ich gleich meine Nachbarn auf und hörte, dass man auch hier das Fest im Kreis der Familie begangen hatte. Aristarch und Leukippe waren gekommen und hatten andere Verwandte mitgebracht. Aus allerlei Andeutungen entnahm ich aber, dass sich Xanthippe und Leukippe bei der Gelegenheit mal wieder gezankt hatten. Anscheinend war die Feier also nicht gerade in familiärer Eintracht verlaufen.

„Stell dir vor“, sagte Sokrates später zu mir, „Aristarch hat einen Myron verkauft.“

„Ein Werk des berühmten Bildhauers?“, fragte ich staunend.

„Ja. Es scheint mir freilich nicht sicher zu sein, ob es ein echter ist. Ich kenne mich ja auf diesem Gebiet ein bisschen aus, und noch nie ist mir zu Ohren gekommen, dass Myron einen ‚Schildträger‘ geschaffen hatte. Den ‚Diskuswerfer‘ kennt jeder – aber einen

‚Schildträger'? Er soll auch sehr stark beschädigt sein, trotzdem haben sie noch einen guten Preis erzielt. Jetzt, da es mit Athen bergab geht, sind die Kunstwerke aus unserer großen Zeit sehr begehrt. Wer Geld hat, kauft sie und stellt sie in seinem Haus oder Garten auf."

„Und woher hatten deine Verwandten die Statue?"

„Das ist es ja, was die Sache noch fragwürdiger macht. Als Neokles, mein Schwiegervater, enteignet wurde, hat er noch schnell ein paar Sachen bei Aristarch und seiner Tochter in Sicherheit gebracht, darunter den vorgeblichen Myron. Aber du weißt ja, aus welchen trüben Quellen der bedauernswerte Verbannte zu schöpfen pflegte. Ich bin froh, dass ich nichts damit zu tun habe. Xanthippe meint allerdings, es sei ein Erbstück und sie hätten es nicht veräußern dürfen. Da sie es aber nun getan haben, hätten wir vom Gewinn einen Anteil verdient. Na, du kennst sie ja. Wenn sie in Zorn gerät … Da wollten wir nun ein schönes Fest feiern, doch mit der Gemütlichkeit war es bald aus."

Ein paar Tage später kam Xanthippe mit der Wäsche, die sie immer sehr anmutig in einem Korb auf dem Kopf trug, vom Fluss. Nachdem sie sich ihrer Last entledigt hatte, sagte sie zu Sokrates: „Gerade habe ich Myrrhine getroffen, die Frau des Demeas, des Steinmetzen. Du hältst ja nicht viel von ihm. Es ist wahr, er ist ein Trunkenbold und gewalttätig. Aber in seinem Beruf ist er fleißig, und es mangelt ihm nicht an Aufträgen. Myrrhine sagt, er muss sogar welche zurückweisen, weil er nicht mehr genug Marmor hat.

Die Steinbrüche am Hymettos liefern nichts mehr, es wird ja dort kaum noch gearbeitet. Da habe ich ihr gesagt, er kann ein paar Platten und Blöcke von uns bekommen, es ist alles kaum behauen und liegt nutzlos auf dem Hof herum – jetzt, da der Schuppen abgebrannt ist. Du hättest mal sehen sollen, wie begeistert sie war, und wir sind übereingekommen, dass ich noch heute einen Teil davon hinschaffe. So gewinnen wir hier Platz, und Demeas wird geholfen. Du hast doch hoffentlich nichts dagegen?"

Natürlich hatte er nichts dagegen. Sokrates war im Gegenteil froh, dass die traurigen Zeugen seiner früheren ungeliebten Tätigkeit endlich verschwanden. Es waren sogar noch Steine vorhanden, an denen sein Vater gearbeitet hatte. Nach dem Brand waren die meisten mit Ruß geschwärzt und mit Asche bestäubt, sodass von den bildnerischen Bemühungen noch weniger erkennbar war. Ich erbot mich, den Marmor zu säubern, damit die schöne weiße und graublaue Farbe und die feine Äderung wieder zum Vorschein kämen. Es sollte ja dafür noch ein Preis erzielt werden. Aber Xanthippe fand, Demeas als Fachmann werde auch so den Wert der Steine erkennen. Mein Angebot, die Fuhre zu begleiten, lehnte sie ebenfalls ab. Auch Sokrates wollte sie nicht dabeihaben, damit er durch seine Nachgiebigkeit nicht die geschäftlichen Verhandlungen störte.

Wir spannten den Esel an, luden ein paar Grabsäulen und Reliefplatten die sie uns bezeichnete, auf den Karren und hoben sie selber schließlich hinauf. Mit ihrem schwangeren Leib war sie ja etwas unbeholfen.

Sie ließ die Gerte durch die Luft sausen und fuhr los.

Es dunkelte schon, als sie wiederkam. Wir hatten uns bereits Sorgen gemacht, weil sie so lange ausgeblieben war. Sie war aber guter Dinge und hatte einen Krug Wein und ein paar Fische mitgebracht, mit denen sie uns eine Abendmahlzeit bereitete. Was sie eingenommen hatte, verschwieg sie, und Sokrates fragte auch nicht. Mir stand es selbstverständlich nicht zu, mich danach zu erkundigen. Wir aßen und tranken, Xanthippe wurde sehr lustig und sang uns sogar etwas vor. Später musste Sokrates sie stützen, damit sie die Treppe zu ihrer Kammer hinaufkam.

„Morgen früh", sagte sie, bevor sie verschwand, „mache ich eine zweite Fuhre. Demeas kann gar nicht genug bekommen."

„Lass nur, Xantha, es ist zu beschwerlich für dich! Das kann ja ich diesmal tun", erbot sich Sokrates.

„Nein, untersteh dich!", erwiderte sie mit lauter, wenn auch nicht mehr ganz fester Stimme. „Du würdest nur alles verderben!"

Am Morgen spannten wir wieder an, und Xanthippe zeigte uns die Steine, die wir aufladen sollten. Seltsamerweise verlangte sie, dass wir diesmal auch mehrere unvollendete Votivstatuen hinzufügten, von denen selbst Sokrates nicht mehr genau wusste, was oder wen sie darstellen sollten. Er wunderte sich auch darüber, dass ein anderer Steinmetz an solchen Stücken, die seiner Meinung nach misslungen und selbst durch geschickte Bearbeitung nicht mehr zu retten waren, Interesse haben könnte. Xanthippe, die noch unter dem Rausch vom Vortage litt, antwortete ihm aber nur, er solle den Mund halten und sich beeilen. Dann fuhr sie los, und abermals wurde es Abend, ehe sie heimkam. Wieder war sie strahlender Laune. Von dem Wein, den sie mitbrachte, hatte sie bereits unterwegs gekostet. Sie umarmte uns beide, und auch ich bekam einen vom Weindunst umwehten Kuss.

„Das war wieder ein erfolgreicher Tag", sagte sie, „aber morgen mache ich das größte Geschäft!"

Mehr war jedoch nicht aus ihr herauszubekommen. Nachdem sie noch ein paar Becher getrunken hatte, zog sie sich bald zurück.

„Ich möchte wissen", sagte Sokrates, „was Demeas mit diesen Trümmern anfangen will und warum er ihr dafür noch Geld gibt."

„Vielleicht sind die Stücke mehr wert als du glaubst", vermutete ich.

„Du erschreckst mich. Dann hätte ich wohl doch bei den Steinen bleiben sollen."

Wir belachten den Scherz, aber Sokrates wurde gleich wieder nachdenklich und murmelte: „Ich werde der Sache auf den Grund gehen."

Was er vorhatte, sagte er mir nicht. Zweifellos wollte er mich nicht einweihen, weil er glaubte, es könnte etwas für ihn und Xanthippe Peinliches oder Nachteiliges herauskommen.

In aller Frühe – es dämmerte gerade – hörte ich nebenan Geräusche. Sokrates spannte an und belud vorsichtig, Lärm und Gepolter vermeidend, den Karren. Kurz darauf hörte ich ihn davonfahren.

Ich schlief nochmals ein und wurde später, als es schon hell war, durch heftiges Klopfen geweckt. Xanthippe stand vor meiner Tür, nur mit einem Hemd bekleidet, ein Tuch um die Schultern, zerzaust und mit verquollenen Augen.

„Wo ist Sokrates, Simon? Weißt du es nicht? Auch der Esel und der Karren sind weg! Was hat er vor? Wo ist er hin? Hat er dir nichts gesagt?“

„Gesagt hat er nichts. Aber wenn ich nicht irre, kommt er dort gerade …“

Tatsächlich näherte er sich mit dem Gespann vom Ende des breiten Sandwegs her, der unseren kleinen Athener Vorort durchzieht.

Als er heran war, trat ihm Xanthippe entgegen. Sie streckte den mächtigen Bauch vor, stemmte die Fäuste in die Hüften und schrie: „Wo kommst du her? Was treibst du dich schon in aller Frühe herum? Wo warst du?“

Sokrates stieg von dem Karren, und der Esel fand seinen Weg allein durch das Tor.

„Ich wünsche dir einen guten Morgen, Liebste. Auch dir, mein Freund. Ich war bei Demeas.“

„Wie? `Bei Demeas?“, rief sie. „Was wolltest du dort?“

„Ihm noch ein paar Steine bringen. Weil er ja so großen Bedarf hat.“

„Und er hat sie genommen?“

„Leider nicht.“

„Und wo sind sie jetzt? Der Karren ist leer!“

„Ich habe sie weggekippt.“

„Was? Wohin denn?“

„Die Böschung hinunter. In den Fluss.“

„O ihr Götter!“

„Warum regst du dich denn auf? Es sind doch nur Trümmer.“

„Sie sind kostbar, du dummer Kerl, sehr kostbar! Hoffentlich hast du nicht gerade die genommen, die ich heute fortbringen will.“

„Aber ich sagte doch, dass Demeas …“

„So ein Unverstand! Ich muss gleich nachsehen, ob sie noch da sind.“

Und schon war sie hinter der Mauer ihres Anwesens verschwunden.

Sokrates sandte ihr einen gequälten Blick nach, lächelte jedoch bereits wieder, als er sagte: „Sie wird mir das sicher noch erklären. Jedenfalls ist es gut, dass wir das nutzlose Zeug endlich los sind. Ich habe auch nicht bereut, so früh diesen Ausflug gemacht zu haben. Demeas ist ja ein kluger Mann, trotz seiner unangenehmen Eigenschaften. Wir sprachen gründlich über die Frage, ob Scharfsinn und Bildung dem Glück des Menschen entgegenstehen, weil ja der Einfältige, der in den Tag hinein lebt, die Missstände nicht erkennt und also auch nicht an ihnen leidet …“

Mag sein, dass er diese Frage wirklich mit Demeas erörtert hatte. Aber er wollte mich wohl vor allem ablenken. Ich argwöhnte gleich, dass Xanthippe an den Tagen zuvor den Steinmetz überhaupt nicht aufgesucht hatte. Verräterisch war ihr Erschrecken, als er sagte, wo er herkam. Was für „Geschäfte“ machte sie mit den Steinen?

An diesem Morgen blieb ich zunächst in meiner Werkstatt, weil ich die beiden nicht stören wollte. Sie hatten ja etwas miteinander ins Reine zu bringen.

Bald erhob sich auch ein Wortwechsel, der an- und abschwoll, anfangs jedoch durch die Wände des Hauses gedämpft war. Dann aber traten sie in den Hof hinaus.

„Hilfst du mir jetzt also?“, zischte Xanthippe.

„Nicht bevor ich weiß, wo du hinwillst“, erwiderte Sokrates.

Beide bemühten sich, leise zu sprechen, und das Folgende war wieder nicht zu verstehen. Wie gewöhnlich vergaßen sie aber bald, sich zurückzuhalten. Sie standen jetzt auch gleich hinter der Mauer, an der Stelle des abgebrannten Schuppens.

„Wenn du nicht zupackst“, sagte sie, „muss ich eben selbst alles aufladen.“

„Lass das, Xantha! Du wirst dich verheben. Denk an das Kind!“

„Ich kann ja auch Simon rufen.“

„Nein, ist nicht nötig. Nun gut, so sage mir, welchen …“

„Nimm den dort. Zum Glück hast du den heute Morgen zurückgelassen.“

„Aber das ist doch … das ist der Achill, den ich mal für diesen Onomakles …“

„Jetzt ist es ein Hektor.“

„Was?“

„Der, den Achill im Kampf getötet hat. Auch ein berühmter Held. Oder nicht?“

„Ich verstehe nicht.“

„Brauchst du auch nicht. Also lade ihn auf!“

Ich hörte Sokrates ächzen und seine Last auf den Karren wuchten.

„Xantha! Was willst du mit dem noch anfangen? Wer wird den schon haben wollen? Ich habe ihn ja selber zerstört. Sieh mal … die Nase ist ab, die halbe Stirn fehlt, der Bart …"

„Umso besser! So wird Onomakles ihn nicht wiedererkennen."

„Nicht wiedererkennen? Onomakles? Was heißt das? Du willst zu Onomakles und ihm diese zerstörte Figur …?"

„Jetzt nimm die Büste dort. Lade sie auf!"

„Nein, erst antworte mir, Xantha. Antworte! Warum soll sie Onomakles nicht wiedererkennen?"

„Weil das …" Sie dämpfte die Stimme ein wenig, ich verstand aber trotzdem: „Weil das von jetzt an ein Hektor ist, den der berühmte Polykleitos gemacht hat. Verstanden?"

„Ein Hektor von Polykleitos?"

„Beschädigt, angedunkelt, verwittert. Aber ein unvergängliches Meisterwerk! Aus den Ruinen eines abgebrannten Tempels gerettet."

„Gerettet? Von wem?"

„Meinem Vater Neokles."

„Deinem Vater?"

„Es war ja bekanntlich eine seiner Lieblingsbeschäftigungen, wertvolles Tempelgut ‚sicherzustellen'".

„Ich begreife noch immer nicht …"

„Ihr Götter! Dieser Mann hat keinen Verstand. Wenn Leukippe von ihm einen Myron bekommen hat … warum soll ich nicht von ihm einen Polykleitos haben?"

„Verzeih! Und du willst …?"

„Und den kann ich ja auch verkaufen. Oder nicht?“

„Xantha …“

„Und nun lade endlich die Büste dort auf. Auch ein überaus wertvolles Stück.“

„Und als was willst du sie …“

„Eine Athena von Pheidias. Ein erster Entwurf, noch unvollkommen. Und jetzt noch das da. Ich denke, das könnte von Paionios sein.“

„Du bist nicht bei Sinnen!“

„Nun weißt du Bescheid. Du hättest ja doch keine Ruhe gegeben.“

„Das wäre Betrug!“

„So manches im Leben geht nicht mit rechten Dingen zu.“

„Aber du wirst niemanden damit täuschen. Du wirst keinen Obolus dafür bekommen!“

„Ich habe schon manche schöne Drachme bekommen. Für Werke von Polymedes, Agelades, Kalamis …“

„Xantha, hör auf! Wie war denn das möglich?“

„Ich war bei dem Kunden von Leukippe. Und erfuhr dort weitere Namen begüterter Kunstfreunde.“

„Und Demeas?“

„Ein Vorwand zu deiner Beruhigung.“

„Ich fasse es nicht! Du hast dieses wertlose Zeug …!“

„Ganz wertlos ist es ja nicht. Ein Künstler hat es gemacht, der den strengen und kargen Stil der alten Meister bevorzugt. War es nicht so? Demnach ist es fast echt. Und nun lade noch das da auf!“

„Nein, Xantha, nein! Ich lasse nicht zu, dass du arglose Leute betrügst."

„Arglose Leute? Du sprichst von Onomakles und all den anderen, die durch den Krieg …"

„Das ist etwas anderes. Es berechtigt dich nicht …"

„Ach, es berechtigt mich nicht!"

„Nein!"

„Ich finde, im Gegenteil! Es ist mein Recht …"

„Es ist Unrecht!"

„Unrecht?"

„Ja! Ja! Und nochmals ja!"

„Jetzt hör mir mal zu, mein lieber Sokrates …"

Mit seinen Einwänden hatte er sie erst richtig in Stimmung gebracht. Ich lugte über die Mauer und sah, wie sie, Zorn im Blick, die Haare in wilder Unordnung, auf ihn losging. Mit beiden Fäusten packte sie ihren Gatten am Kittel und trieb den rückwärts Stolpernden immer wieder um den Karren herum.

„Wie war das? Unrecht? Sagtest du ‚Unrecht'? Jetzt wollen wir doch einmal prüfen, nach deiner eigenen bewährten Methode, ob du die Wahrheit sagst! Bist du wirklich ganz sicher, dass es Unrecht ist?"

„Ja, Xantha, das bin ich!"

„Ist es auch schlecht?"

„Ja, es ist schlecht."

„Schön und gut ist es also nicht."

„Nein!"

„Dieser Krieg, den uns dein Alkibiades aufgehalst hat, ist aber auch nicht schön."

„Natürlich nicht. Doch was hat das …"

„Gut ist auch nicht, dass ein Vetter von mir gefallen … dass Simons Sohn in Sizilien verschollen ist.

Oder?“

„Nein, nein …“

„Und dass bestimmte Leute diesen Krieg wollten, um noch reicher zu werden, als sie schon sind, weil ihnen die Zunge heraus hing nach den Schätzen der anderen … ist das gut oder schlecht?“

„Schlecht, schlecht!“

„Dass kaum noch Getreideschiffe ankommen … dass alles teurer wird auf dem Markt … dass Geld immer weniger wert ist … die Waren gehortet werden und nur noch zu Wucherpreisen zu haben sind … gut oder schlecht?“

„Schlecht, schlecht …“

„Und dass viele gezwungen sind, für einen Krug Mehl und einen Sack Bohnen goldene Ringe, Perlenketten, Armbänder, Pokale, Dreifüße, kostbares Opfergerät, ihre Familienerbstücke herzugeben … schlecht?“

„Natürlich.“

„Dann ist es gut, etwas dagegen zu tun!“

„Gewiss.“

„Diese Gauner, diese Wucherer, diese Kriegsgewinnler am Betrügen zu hindern.“

„Ja …“

„Zum Beispiel daran, dass sie für einen Theseus von Kalamis gerade mal so viel bezahlen wollen, dass man dafür ganze fünf Brote bekommt.“

„Xantha …“

„Muss man sie daran hindern?“

„Nun ja …“

„Wenn also eine Frau, die diese fünf Brote dringend

braucht, um einen weltfremden Menschenfreund sowie drei Kinder zu ernähren – das hier drinnen schon einmal mitgerechnet –, bei der Beschaffung des Geldes den Reichen hindert, sie hereinzulegen, indem sie ihm keinen echten Theseus von Kalamis verkauft … dann tut sie doch etwas Gutes!"

„Aber gleichzeitig etwas Schlechtes!", begehrte Sokrates auf, indem er entschlossen stehen blieb. „Sie hindert ihn am Betrügen, betrügt aber selbst!"

„Eine interessante Entdeckung mein Philosoph!", sagte Xanthippe und packte ihn lachend am Bart. „Es kann etwas Gutes auch schlecht sein, und etwas Schlechtes auch gut! War das nicht deine eigene Lehre? Gut und wertvoll ist eine Sache bezogen auf das, wofür sie nützt. Dialektik! Mir nützt sie – also ist sie auch gut. Und nun fass an … noch dieses herrliche Meisterwerk!"

Sokrates rührte sich nicht.

Da bückte sie sich, umfasste einen der grobbehauenen Marmorblöcke, hob ihn an – und ließ ihn mit einem Aufschrei fallen.

„Xantha! Was hast du?"

„Ich glaube, es ist so weit. Es geht los!", stöhnte sie, wobei sie die Hände auf den Leib presste.

„Da haben wir es! Warum hast du nicht auf mich hören wollen. Komm ins Haus … leg dich hin … vorsichtig …"

Unbeholfen führte er sie hinein.

Dann hörte ich sie noch sagen: „Lauf zu Pamphile! Hol sie her!"

Sogleich tauchte ich hinter der Mauer ab und wieder auf, als Sokrates aus dem Hause kam und davoneilen wollte.

„Ich hörte Xanthippe schreien. Kann ich helfen?"

„Ja, das kannst du, mein Lieber! Lauf zu Pamphile! Sage ihr, dass die Wehen eingesetzt haben. Dann kann ich hierbleiben und ihr beistehen."

Kurz darauf kam ich mit der Frau des Dorfschmieds zurück, der noch drei andere Weiber folgten. Hinter dem bunt gemusterten Vorhang an der Tür des Megarons schrie die Kreißende. Aufgeregt schwirrten die Frauen umher. Eine rannte zum Brunnen, eine andere entfachte das Herdfeuer, eine dritte stieg hinauf in das Gynaikon, um frische Wäsche zu holen.

Währenddessen wich Sokrates nicht vom Lager Xanthippes. Auch die beiden Kinder waren aus dem Gemüsegarten herbeigelaufen, wo sie gespielt hatten. Erschrocken starrten sie auf den Vorhang, hinter dem ihre Mutter so schreckliche Laute ausstieß. Um mich ein wenig nützlich zu machen, nahm ich die beiden an der Hand, versprach ihnen Nüsse und eine Angelschnur und wollte gerade mit ihnen zu mir hinüber gehen, als vor dem Haus ein mit zwei Pferden bespannter Planwagen hielt.

„Du, komm mal her!", rief mir ein feister Kerl mit grobem Gesicht zu.

Ich erkannte ihn gleich. Es war Onomakles, der Messerfabrikant und Minenbesitzer. Er hielt selbst die Zügel in Händen. Neben ihm auf der Wagenbank saß ein mickriger, grämlicher, aber ebenso vornehm wie er selbst gekleideter Alter.

„Was willst du von mir?"

„Hol mir mal die Xanthippe heraus.“

„Das geht jetzt nicht. Hörst du nichts?“

„Ach so … verstehe.“

Er beugte sich zu mir herab.

„Du kennst mich doch … oder nicht? Und auch du kommst mir bekannt vor.“

„Ich bin Simon, der Schuster.“

„Ihr Nachbar? Sehr gut. Pass mal auf, Simon. Ich habe mit deiner Nachbarin ein Geschäft vereinbart. Sie selbst war gestern bei mir und hat es mir vorgeschlagen. Es geht um ein Werk des Polykleitos, das sie von ihrem Vater hat …einem achtbaren Mann, der Athen aber leider verlassen musste. Wie ich bemerke, wäre sie gar nicht im Stande gewesen, mir die Statue heute zu liefern. Da trifft es sich gut, dass ich hier vorbei muss, Euer Nest liegt ja auf meinem Reiseweg. Ich will nämlich mit meinem Vater einen Gastfreund in Brauron besuchen. Diesem Mann, dem ich sehr verpflichtet bin, möchte ich ein wertvolles Geschenk machen, Und so kam mir die Idee, ihm den Polykleitos mitzubringen. Die vereinbarte Kaufsumme habe ich bei mir. Könntest du wohl in Erfahrung bringen, wo das Kunstwerk aufbewahrt wird und es mir …“

Einen Augenblick zögerte ich. Bevor aber mein Gewissen Zeit hatte, sich zu melden, sagte ich: „Dazu muss ich mich nicht erst erkundigen. Der Hektor des Polykleitos? Er ist schon zum Abtransport auf einen Karren geladen.“

„Vortrefflich! Schaff ihn mir her!“

„Sage dem Sokrates, dass er mit anfassen soll“, fügte der Alte mürrisch hinzu, „und dass er als Fachmann die Echtheit des Werkes bestätigt."

***

„Sokrates ist jetzt nicht abkömmlich", sagte ich. „Er opfert am Hausaltar, bittet um eine leichte Geburt. Ihr müsst schon so lange warten …"

„So viel Zeit haben wir nicht", unterbrach mich Onomakles ungeduldig. „Mach schon! Hole die Statue her!"

Ich winkte dem Metökenjungen, meinem Lehrling, der beschäftigungslos vor dem Hause lungerte, und kurz darauf schleppten wir das mit Ruß und Asche bedeckte Gebilde herbei. Onomakles, den es ursprünglich mal hätte darstellen sollen, betrachtete es mit Wohlgefallen.

„Wahrhaftig, ein Werk des Polykleitos!", sagte er andächtig. „Schade, dass es nicht besser erhalten ist. Aber es ist noch immer mehr wert als das, was die meisten Künstler heute hervorbringen. Sokrates tat gut daran, die Bildnerei aufzugeben, nachdem er an meinem Auftrag gescheitert war. So etwas hätte er doch nie zustande gebracht."

„Trotzdem kannst du nicht sicher sein, dass es wirklich ein Polykleitos ist", nörgelte der zahnlose Alte. „Wo ist der Beweis dafür?"

„Der Beweis?" Onomakles lächelte breit. „Dieser Hektor ist ohne Zweifel gestohlen. Xanthippe verkauft ihn nur deshalb billig unter der Hand, weil er aus der Hinterlassenschaft ihres Vaters stammt, der fast nichts besaß, was ehrlich erworben war. Auch Tempelraub wird ihm nachgesagt. Man fragte sich immer, wo das Raubgut geblieben war. In den Tempeln aber weiht man den Göttern nur das Wahre und Echte, das Beste und Teuerste. Etwas anderes wagt man ihnen nicht anzubieten und sie würden es auch nicht dulden."

Dieser Logik wusste der Alte zum Glück nichts entgegenzusetzen.

Nachdem wir das Kunstwerk sorgsam in eine Decke gewickelt und auf dem Wagen verstaut hatten, warf mir Onomakles einen Geldbeutel zu, der nicht prall, aber ordentlich gefüllt war.

„Ich vertraue auf deine Ehrlichkeit, Freund. Gib das der armen Frau dort drinnen. Es wird ihr die Leiden des Kindbetts mildern. Ich habe noch ein paar Drachmen über den vereinbarten Preis hinzugetan!"

Er straffte die Zügel, und fort war er.

Ich hielt den Geldbeutel in der Hand und dachte, dass ich tatsächlich so lange ein ehrlicher Kerl gewesen war und nie eine Gaunerei begangen hatte. Doch schon im nächsten Augenblick war ich nicht wenig stolz darauf, Xanthippes Komplize geworden zu sein. Zum Glück war Politta nicht zu Hause. Sie hätte sonst wohl verhindern wollen, dass ihr Gatte und ‚das Vögelchen aus dem Raubnest' gemeinsam dieselbe Melodie pfiffen.

Als ich noch diesem Gedanken nachhing, hörte ich plötzlich ein zartes Stimmchen. Und da verkündeten auch schon die Frauen das frohe Ereignis.

Nach einer angemessenen Zeit und nachdem ich Erlaubnis erbeten hatte, trat ich hinter den bunten Vorhang. Die Unverwüstliche saß bereits wieder aufrecht auf der Sitzbank, das Neugeborene lag neben ihr. Ich beglückwünschte sie, und indem ich einen Augenblick nutzte, als sich der stolze Vater über den neuesten Spross seines Stammes beugte und vermutlich nichts weiter ringsum wahrnahm, schob ich den Beutel unter ihr Kissen und flüsterte: „Für den Hektor von Polykleitos. Von Onomakles."

Da schrie sie auf, und die Frauen stürzten erschrocken herbei. Sie dachten wohl, es ginge noch einmal von vorn los.

Übrigens war auch ihr Drittes ein Junge, und sie gaben ihm, wie es Sokrates wünschte, den Namen Menexenos.

Kapitel 18

Ich überspringe eine Reihe von Jahren.

Kriegsjahre waren es noch immer, erfüllt von Hoffnungen und Enttäuschungen, Friedenssehnsucht und Kriegsgeschrei, tröstlichen Siegen und entmutigenden Niederlagen.

Wo immer es gerade brannte – Alkibiades hatte seine Hände im Spiel. Wer erinnert sich nicht seiner Machenschaften! Die Spartaner hatte er sogar dazu gebracht, eine Flotte auszurüsten und Athen auf dem Meer zu bekämpfen. Plötzlich ließ er sie aber im Stich und lief zu den Persern über, die begehrlichen Blickes die innergriechischen Zwistigkeiten beobachteten und nur auf den günstigen Augenblick zum Eingreifen lauerten. Später hieß es, die Spartaner hätten ihn umbringen wollen, weil er ihnen zu einflussreich geworden war, doch seine Geliebte, ihre Königin, hätte ihn rechtzeitig warnen können. Nun spann er neue Fäden, und mit Hilfe der Satrapen betrieb er seine Rückkehr nach Athen. Die gelang ihm tatsächlich, nachdem ihn unverdrossene Parteigänger zuvor an die Spitze unserer Flotte gestellt hatten.

***

Sieben Jahre nach seinem Verrat kehrte er in die Stadt zurück – und wurde jubelnd empfangen! Dann aber ging es endgültig abwärts mit ihm. Nach einer Niederlage der Flotte gewannen seine Gegner wieder die Oberhand, enthoben ihn seines Postens und trieben ihn abermals zur Flucht. Und dann hörten wir nur noch einmal von ihm, ein letztes Mal: als Kriegsheimkehrer die Nachricht brachten, er sei in Phrygien ermordet worden. Seine falschen Freunde, Spartaner und Perser, hatten sich diesmal zusammengetan, um ihn loszuwerden. Das Haus, in dem er sich aufhielt, wurde umstellt, und in Brand gesteckt, und als er herausstürzte, tötete man ihn mit Pfeilen und Lanzen. Eine letzte treue Bettgenossin namens Timantha begrub ihn.

Das geschah im selben Jahr, als es auch mit der Macht und Herrlichkeit Athens zu Ende ging. Niemand, der damals hinter den Mauern hockte und ausharrte, wird den furchtbaren Hungerwinter vergessen, den wir durchlitten. Von drei Seiten rückten die Spartaner gegen uns vor und belagerten uns. Ich war mit Politta bei Verwandten untergekommen, denn Alopeke, das vor den Toren Athens liegt, war bald in Feindeshand gefallen. Xanthippe hatte mit ihren drei Söhnen bei ihrer Schwester Unterschlupf gefunden. In solchen Notlagen war alter Groll rasch vergessen. Verwandte und Freunde halfen einander, so gut es ging.

Sokrates verbrachte diese Monate unter den Dächern von Freunden – mal hier, mal dort. Manchmal traf ich ihn auf der Agora, wo er, nun fünfundsechzig Jahre alt, stark abgemagert, in einen schäbigen Mantel gehüllt, seine belehrenden Gespräche führte, so als lebten wir in normalen Zeiten. Längst hatte er seine früheren Gewohnheiten und sein öffentliches Wirken wieder aufgenommen. Seine Zuhörerschaft war nun allerdings merklich kleiner geworden und bestand im Gegensatz zu früher vorwiegend aus älteren Männern. Die jüngeren waren gefallen, gefangen genommen oder im Abwehreinsatz an der Stadtmauer. Auch ich stellte mich zu den alten Müßiggängern, um mich frierend, mit knurrendem Magen darüber belehren zu lassen, wie ich ein besserer Mensch werden könnte.

Im Frühjahr kapitulierte Athen, und die Spartaner marschierten ein. Sie setzten sich auf der Akropolis fest, von wo aus sie die Stadt und ihre Umgebung leicht beherrschen konnten. Wir Geflohenen machten uns auf den Heimweg und bezogen wieder unsere Häuser oder das, was die Belagerer von ihnen übrig gelassen hatten. Kaum aber hatten Politta und ich uns notdürftig eingerichtet, starb meine arme Frau. Sie hatte schon längere Zeit gekränkelt, und die Entbehrungen und der Kummer der letzten Monate (auch unser Schwiegersohn war noch bei sinnlosen Abwehrkämpfen gefallen) hatten ihr nun den Rest gegeben. Ich brachte sie auf unseren kleinen Friedhof. Meine Tochter zog mit ihren beiden Kindern zu mir, und zum Glück war der Ältere schon so weit, dass ich ihn in meinem Handwerk unterweisen konnte. Noch herrschte zwar der größte Mangel, und die Kunden brachten nur altes Schuhwerk zum Flicken, weil es kein Leder für neues gab, aber wir hatten zu tun, und man hoffte ja auf bessere Zeiten.

Auch Sokrates und Xanthippe kehrten mit ihren drei Kindern nach Alopeke zurück. Zum Glück fanden sie ihr Häuschen fast unversehrt. Sogar ein paar Möbel hatten ihnen die Spartaner gelassen, nur die

Treppe zum oberen Stockwerk hatten sie abgerissen und wohl zu Brennholz gemacht. Sie wurde nun durch eine Leiter ersetzt. Längst waren ja auch die Jahre dahin, da eine Treppe benötigt wurde, damit die Hausherrin, vornehm ihr Gewand raffend, mit bedächtigem Schritt hinauf- und herabsteigen konnte.

Aus Xanthippe war ein derbes Marktweib geworden. Auch die letzten Spuren ihres früheren Standesdünkels waren verschwunden. In den Männer vertilgenden Kriegsjahren hatten sich die Agora, die kleineren Märkte und die Straßen der Stadt immer mehr mit Frauen gefüllt. War es früher eine Verletzung von Anstand und Sitte gewesen, wenn eine freie Athenerin sich – außer bei Festen und in dringenden Angelegenheiten – in der Öffentlichkeit gezeigt hatte, so wurde jetzt kaum noch Anstoß daran genommen. Dass die geborene Aristokratin Gemüse verkaufte und ihren Stand neben dem des Fischweibs, einer Unfreien, aufbaute, war in dieser Zeit, da alles drunter und drüber ging, kein Aufsehen wert.

Seit längerem schon war Xanthippe auf dem Markt von Athen eine nicht weniger bekannte Gestalt als ihr Gatte Sokrates. Beredsam, schlagfertig, witzig lockte sie die Vorübergehenden an und schwatzte selbst denen, die eigentlich nichts kaufen wollten, am Ende noch einen welken Kohlkopf und ein paar wurmstichige Äpfel auf. Mehrere kleine Bauern in Alopeke nutzten ihr Talent und ließen sie – gegen eine Vergütung – auch ihre Hühner, Tauben und Ferkel verkaufen. Der Esel war schon vor einiger Zeit verendet, und so spannte sich Xanthippe selbst vor den Karren. Einen Gurt um die Schulter gelegt, packte sie die Deichsel und zog das Gefährt jeden Morgen über den holprigen Weg zum Stadttor und durch das Gassengewirr zum Markt. Ihre beiden jüngeren Söhne begleiteten sie gewöhnlich und mussten schieben.

Xanthippe richtete es immer so ein, dass sie den Hin- und Rückweg nicht zur selben Zeit wie ihr Gatte machte. Sie wusste sehr wohl, dass Sokrates von vielen achtbaren Leuten als weiser Mann und als Lehrer geschätzt wurde, und sie war insgeheim auch sehr stolz darauf. Deshalb wollte sie ihn nicht in die Verlegenheit bringen, den Karren einer Marktfrau zu ziehen. Im Allgemeinen vermied sie es, in der Stadt seine Nähe zu suchen, ebenso wenig mochte sie es, dass er an ihren Stand kam. Wie oft hörte ich sie abends grollen, wenn er wieder mal mit seinem Schwarm vorbeigekommen und sich selbst und die anderen mit Knoblauch und Feigen versorgt hatte – natürlich ohne zu bezahlen. Einige Male soll es bei solcher Gelegenheit an Ort und Stelle zum Ehekrach gekommen sein. Und einmal bezog er sogar mitten auf dem belebtesten Platz Athens eine Tracht Prügel von ihr. Diese Geschichte erzählt man sich jetzt noch, und man wird es wohl noch lange tun. Mehr als alles andere, was noch immer über Sokrates' Gattin im Umlauf ist, hatte diese Episode den Ruf geprägt, der dem Namen Xanthippe anhaftet. Die Verleumder und Spötter lassen dabei aber meist etwas weg, das zum Verständnis ganz unentbehrlich ist, und dies gerät nach und nach in Vergessenheit. Ich war nicht dabei, als es geschah, doch war ich am selben Abend noch mit den beiden zusammen und weiß daher, wie alles gekommen ist.

Wer damals in Athen gelebt und jene Schreckenszeit überstanden hat, wird noch jetzt zusammenzucken, wenn ich den einen Namen nenne: Kritias.

Nachdem die Spartaner die Stadt und die Burg besetzt hatten, übernahm im Schutz ihrer Schwerter und Lanzen eine Gruppe von Athenern die Herrschaft, die schon vorher heimlich oder offen zu ihren Gunsten gewirkt und so den Zusammenbruch beschleunigt hatten. Diese dreißig Oligarchen, allesamt geschworene, unversöhnliche Feinde der Demokratie, begannen nun mit einer grausamen Abrechnung. Niemand war in jenen Monaten sicher vor ihrem Blutdurst und ihrer Rachsucht. Alle Führer der Demokraten, die nicht rechtzeitig geflohen waren, wurden enteignet und umgebracht, dazu viele ihrer Anhänger. Es sollen an die tausendfünfhundert gewesen sein. Wer sich irgendwann einmal im Rat der Fünfhundert oder der Volksversammlung hervorgetan hatte, zitterte jetzt und verkroch sich, und selbst ich, einer der Unauffälligsten, ging kaum noch aus, hatte schlaflose Nächte, grub ängstlich in meinem Gedächtnis und fragte mich, ob vielleicht etwas gegen mich vorlag. Durch unseren sonst so stillen Vorort marschierten waffenrasselnd die Truppen ihrer Häscher, meist junge Männer aus dem Ritterstand, und mancher Nachbar wurde abgeholt, um nicht wiederzukommen. Wir nannten die neue Athener Regierungsbehörde von Spartas Gnaden bald flüsternd die „Dreißig Tyrannen". Gefürchtet war vor allen anderen ihr Anführer.

Der aber war niemand anders als jener Kritias, der vornehme Graukopf, der einmal einen Abend lang neben mir auf der Hofbank gesessen und gefühlvoll eigene Verse vorgetragen hatte. Derselbe, der einst zum Kreis um Sokrates gehört und sich später immer noch gern als dessen Schüler bezeichnet hatte. Dieser Schöngeist und Verfasser poetischer und philosophischer Werke war jetzt unter den Oligarchen der willkürlichste, unversöhnlichste, rachsüchtigste.

Ich brauche kaum zu erwähnen, wie Sokrates darunter litt, dass auch dieser Mann ihn enttäuschte. Auch ihn hatte er mal als eine Hoffnung Athens angesehen und dies gewiss, wie es seine Art war, immer wieder öffentlich geäußert. Jetzt machte er kaum ein Hehl aus seiner Verstimmung. Natürlich wagte er nicht, Kritias direkt anzugreifen, sein Verhalten und seine Maßnahmen zu tadeln. Das wäre für ihn und seine Zuhörer, unter denen jetzt auch wieder junge Leute waren, viel zu gefährlich gewesen. Aber er verstand es, den Namen Kritias nicht auszusprechen und doch mit versteckten Anspielungen und Spötteleien seine Meinung über die neuen Machthaber zu verbreiten.

Die Antwort ließ nicht auf sich warten. Ein Gesetz wurde von den „Dreißig" erlassen, welches das Lehren der Redekunst untersagte, worunter allgemein jede öffentliche politische Äußerung verstanden wurde. Und damit Sokrates auch nicht behaupten konnte, er sei damit nicht gemeint, wurde er extra in unser Rathaus bestellt und verwarnt. Nicht von Kritias selbst, doch in seinem Auftrag. Es war also klar: Er hatte Redeverbot. Dies vorausgeschickt, will ich erzählen, wie es kam, dass Sokrates von Xanthippe Prügel bezog.

An jenem Tag war ich wie viele andere Mitbürger von den neuen Machthabern zur Zwangsarbeit befohlen worden. Wir mussten die „Langen Mauern" abtragen, die den Stadtkern mit unseren Häfen Peiraieus und Phaleron verbunden und seit einem halben Jahrhundert der Bevölkerung im Bedarfsfall Schutz gewährt hatten. Dass diese Mauern geschleift wurden, war eine der härtesten Friedensbedingungen Spartas gewesen.

Seit dem frühen Morgen hatte ich Steine geschleppt. Glücklicherweise waren wir Leute aus Alopeke, vorwiegend Ältere und Jugendliche, nicht allzu weit von unserem Heimatflecken an der nur drei Stadien entfernten phalerischen Mauer eingesetzt worden. Nachdem uns der Aufseher entlassen hatte, war ich gemeinsam mit dem nun fünfzehnjährigen Lamprokles, Sokrates' ältestem Sohn, nach Hause gegangen. Dort hatten ihn schon seine jüngeren Brüder erwartet, und er zog noch einmal mit ihnen los, um im Ilissos Fische zu fangen. Mir dagegen stand der Sinn nur nach Ruhe. Staubbedeckt wie ich war, ließ ich mich auf der Bank vor meinem Hause nieder. Ich war erschöpft und spürte alle Knochen. Bald sank mir der Kopf nach vorn, ich schlummerte ein.

Gelächter und Stimmen weckten mich. Zwei junge Mägde, die vom Brunnen kamen, blieben alle paar Schritte stehen und drehten sich gackernd um. Ich blickte in dieselbe Richtung und sah Xanthippe, die sich mit ihrem Karren von der Stadt her näherte. Was an diesem Anblick erheiternd sein sollte, begriff ich nicht gleich. Auffallend war nur, dass die große, kräftige Frau ein wenig gebückt und mit schweren Schritten ging und offenbar eine Last den leicht ansteigenden Weg heraufzog, während sie sonst ja nur den leeren Karren nach Hause brachte. Dann aber sah ich, was die Mädchen zum Lachen reizte.

Auf dem Karren hockte Sokrates. Kläglich in sich zusammengesunken, hielt er sich an der Seitenwand fest. An der Stirn hatte er eine blutige Beule, sein Kittel war schmutzig und vorn eingerissen. Trotzig starrte er vor sich hin und hob nicht einmal den Kopf, als ich aufstand und ihnen entgegentrat.

„Was ist passiert?"

Xanthippe blieb stehen, um erst einmal zu verschnaufen. Ihr nun völlig ergrautes Haar hatte sich trotz des breiten Stirnbands gelöst und hing strähnig auf die Schultern herab. Schweiß rann ihr von der Stirn in die Furchen zu beiden Seiten des Mundes.

Ein zürnender Blick ihrer schwarzen Augen traf Sokrates, als sie erwiderte: „Was geschehen ist? Du wirst es nicht glauben, Simon! So viel Unverstand sollte es nicht geben, so viel Leichtsinn sollte man nicht für möglich halten. Je älter er wird, desto dümmer wird er. Ach, du … was hast du nur angestellt!", fuhr sie den schweigenden Gatten an. „Willst du eingesperrt werden? Sollen sie dich umbringen? Denkst du denn gar nicht an deine drei Söhne? Sei froh, dass ich in der Nähe war! Hoffentlich ist uns niemand gefolgt", wandte sie sich wieder an mich. „Vielleicht überlegen sie es sich noch anders, wer weiß …"

„Aber was ist denn nun vorgefallen?", erkundigte

ich mich noch einmal. Ich öffnete das Tor und half ihr, den Karren mit seiner Last in den Hof zu ziehen.

„Frag ihn selber!“, stieß sie hervor. „Frag ihn, diesen traurigen Helden! Den alten Narren darf man ja nicht aus den Augen lassen. Quatscht einfach den Kritias an, unsern Herrn und Gebieter! Ich wäre fast gestorben vor Angst. Dabei hat er schon Redeverbot, dieser Unglücksmensch. Aber er kann ja nicht den Mund halten. Er muss stänkern und sich missliebig machen. Wäre ich nicht dazwischen gegangen … wer weiß, was passiert wäre! Aber ach, so ein Ärgernis, jetzt sind wir zu allem Überfluss lächerlich! Ein schönes Gerede wird das geben: Xanthippe verwamst ihren Alten am hellen Nachmittag auf dem Markt! Aber eines sage ich dir, Sokrates: dass du dich ja nicht beklagst! Was du bekommen hast, das hast du verdient! Es war noch zu wenig. Krumm und lahm hätte ich dich hauen sollen. Steig ab!“

Bei dieser Aufforderung stieß sie die Deichsel auf den Boden, sodass Sokrates infolge der plötzlichen Schräglage des Karrenbodens den Halt verlor und gegen das vordere Brett des Kastens rammte.

Er ließ einen Klagelaut hören. Sie erschrak.

„Hast du dir wehgetan?“

„Mit dir rede ich nicht“, knurrte er.

„Ah, er redet nicht mehr mit mir. Was sagst du dazu?“, fragte sie mich. Und ohne die Antwort abzuwarten, wandte sie sich wieder an ihn: „Vielleicht erzählst du ihm das mal. Vielleicht erklärst du ihm mal, warum du jetzt auch noch undankbar bist. Das würde Simon gern von dir wissen.“

Schweigend kletterte Sokrates, auf meine Hand gestützt, von dem Karren herab. Anscheinend hatte er sich einen Fuß vertreten. Er humpelte auf die Bank unter dem Olivenbaum zu und ließ sich nieder.

Sie stemmte die Fäuste in die Hüften.

„Nun? Du bist mir wohl böse, wie? Antworte! Bist du mir böse? Warum denn? Wegen der kleinen Beule da, die morgen schon wieder verschwunden sein wird?"

„Du hast mich bei einem interessanten Gespräch unterbrochen", grollte er.

„Ah! Jetzt ist es aber genug! Hast du noch immer nicht begriffen? Unterbrochen! Bei einem ‚interessanten Gespräch'! Jetzt bin ich noch an allem schuld!"

„Was hast du dagegen, dass ich mich mit einem alten Bekannten unterhalte?"

„Einem alten Bekannten. Mit Kritias! Einem guten alten Bekannten. Einem überaus teuren Herzensfreund!"

„Kritias hat ihn sogar als seinen Lehrer bezeichnet", sagte ich. „Das habe ich aus seinem eigenen Munde gehört."

„Ja, ja, ich weiß", erwiderte sie, „als Lehrer ist er unübertrefflich. Einen feinen Schüller hat er herangezogen. Noch einer, auf den er stolz sein kann!"

„Er hat sich verändert", sagte Sokrates traurig. „Als junger Mann war er scheu und empfindsam. Er schrieb sogar sinnreiche Epigramme. ‚Das Übermaß meide, halt dich zurück. Am richtigen Maß nur haftet das Glück!'"

„Sehr gut! Und deshalb spielt er nun wohl den

Tyrannen. Alles zittert vor ihm und seinen Genossen, den dreißig Schuften. Das richtige Maß? Ja, im Enteignen und Vertreiben! Im Foltern und Hinrichten! Da denkt man, der Krieg ist zu Ende und alles wird gut ...aber es ist ja noch schlimmer gekommen! Nicht nur, dass uns die Spartaner erobert haben ... jetzt haben sie auch noch diese Blutsauger ans Ruder gebracht!"

„Bitte sei vorsichtig!", warnte ich. „Lauscher sind heute überall."

„Stimmt!", sagte sie und blickte zum Haus des Kapros. „Hilf ihm hinein! Ich komme gleich und verarzte ihn."

Ich führte Sokrates ins Megaron und half ihm, sich auf der wackligen Sitzbank niederzulassen. Für mich war noch ein Hocker im Raum, das waren hier die übrig gebliebenen Möbel.

„Recht hat sie natürlich", sagte er seufzend. „Ich weiß auch nicht, was in ihn gefahren ist, warum er jetzt dieses blutige Handwerk ausübt."

„Vielleicht hätte das Volk von Athen ihn nicht jahrelang in die Verbannung schicken sollen", meinte ich, „zu den Thrakern, diesen halben Barbaren."

„Wenn ich Gelegenheit hätte, mich einmal ungestört mit ihm auszusprechen ..."

„Das wirst du schön bleiben lassen!", unterbrach ihn Xanthippe. „Von jetzt an tust du, was man dir sagt!"

Sie war die Leiter zu ihrer Kammer hinaufgestiegen. Nun kehrte sie mit einem feuchten Tuch, einem kleinen Gefäß und einer Wollbinde zurück. Sie setzte sich neben Sokrates auf die Bank und betupfte die Beule mit dem Tuch.

„Kopf hoch und stillhalten!"

„Was ist da in dem Topf?"

„Na, was schon? Eine Salbe. Eichenrinde, in Wein aufgelöst, Myrrhe, Weihrauch, Alaun und zerstoßener Schafsdreck. Wirkt unfehlbar. Schon meine Großmutter heilte damit alles."

Sie bestrich seine Stirn mit der grünlichen Masse.

„Da muss noch etwas Schlimmeres drin sein. Es brennt!"

„Sei nicht so zimperlich. Bist doch sonst so ein unerschrockener Kerl. Stellt sich dem Kritias in den Weg, als der mit großem Gefolge über den Markt kommt! Ich kann es noch immer nicht fassen."

„Was wolltest du denn von ihm?", fragte ich. „Worüber habt ihr gesprochen?"

„Mir war da noch etwas unklar", sagte Sokrates, „wegen des Redeverbots."

„Was konnte denn daran unklar sein!", wies ihn Xanthippe zurecht. „Sie hatten dich doch sogar hinbestellt und verwarnt."

„Aber ein wichtiger Punkt ist offen geblieben. Er ist mir heute erst eingefallen."

„Mir stockte der Atem. Plötzlich sah ich ihn auf Kritias zugehen, mitten durch den Haufen der Leibwächter. Wie hast du ihn denn überhaupt angeredet?"

„Höflich, wie es sich gehörte. ‚Verehrter Kritias, verzeih, dass ich dir deine Zeit stehle. Ich will eure Anweisungen gern befolgen, aber es gibt da noch eine Unklarheit.'"

„Und er? Was hat er erwidert?“

„Er murmelte etwas wie ‚Mach es kurz!‘ oder Ähnliches.“

„Und weiter? Was hast du vorgebracht?“

„Ich sagte: ‚Ihr verbietet mir, dass ich mich öffentlich äußere. Worauf bezieht sich nun dieses Verbot? Dass ich die Wahrheit oder die Unwahrheit sage?“

„Ihr Götter!“

„Und was hat er geantwortet?“, fragte ich gespannt.

„Er sagte: ‚Du sollst überhaupt nicht reden!‘

Ich darauf: ‚Also weder das eine oder das andere?‘

Er: ‚So ist es!‘

‚Gut‘, sagte ich, ‚das wollte ich wissen. Freilich verstehe ich es nicht ganz. Bezüglich der Unwahrheit … richtig, man soll ja nicht lügen. Aber dass man bei euch auch aufhören muss, die Wahrheit zu sagen …‘“

„Vortrefflich!“, rief sie. „So etwas habe ich geahnt. Und das ist dir heute erst eingefallen. Ganz plötzlich! Weil du Zuhörer dazu brauchtest. Habe ich Recht?“

„Es standen ein paar Leute herum“, erwiderte Sokrates mit Unschuldsmiene.

„Mindestens hundert“, sagte Xanthippe und begann, ihm den Kopfverband anzulegen. „Der halbe Markt! Ein paar Verwegene lachten und klatschten sogar. Von meinem Stand aus konnte ich alles beobachten. Kritias setzte ein schiefes Grinsen auf und tauschte Blicke mit seinen Leibwächtern. Ich dachte, gleich packen sie ihn …“

„Stattdessen hast *du* mich gepackt.“

„Was blieb mir übrig? Ich dachte mir, besser, du schlägst ihm ein Loch in den Kopf als dass sie ihn fortdrängte Xanthippe.

„Ja. Wir marschierten zum Hafen hinunter. Die Stimmung war schlecht. Ich schlug vor, erst einmal einen zu trinken. Denn wie der Dichter Sthenelos richtig bemerkt: ‚Auch den Verständigsten treibt der Wein zu törichtem Handeln.‘“

„Und dann?“

„Dann hatten wir aber nicht genug Geld für die Zeche. Da schlug ich vor, die Kette zu verkaufen. Ein Fischer konnte sie für seinen Anker brauchen, er gab uns ein paar Drachmen. Wir tranken noch weiter, aber die Stimmung wurde davon trotzdem nicht besser. Also sagte ich: ‚Männer, es hat keinen Zweck. Wir können uns noch so sehr besaufen, es bleibt uns einfach zu viel Verstand dafür. Gehen wir lieber nach Hause.‘“

„Aber sie waren natürlich nicht einverstanden.“

„Nein. Kapros und die drei anderen bekamen es wohl mit der Angst zu tun. Schließlich ruderten sie hinüber. Ob sie es schaffen, Leon herzubringen … ohne die Kette?“

Sokrates kicherte vergnügt.

„Und du? Was hast du gemacht?“, fragte Xanthippe.

„Ich ging auch nicht nach Hause, das war ein Fehler.“ Er tippte anzüglich auf seinen Kopfverband. „Was ich gemacht habe? Ein paar Besuche. Beim Bootsbauer Glaukos. Bei meinem alten Freund Andokides. Dann traf ich Philinos, den früheren Archon … alt ist er geworden, sehr alt … und dann … ja, dann noch einen hochgestellten Spartiaten, einen Befehlshaber von der Burgbesatzung. Wir führten ein kurzes Gespräch, das seinerseits freilich nur aus einem schwer verständlichen Geschnauze bestand, weil ich nicht weit genug aus dem Wege gegangen war. Schließlich landete ich wieder auf dem Markt. Und da sah ich auch schon Kritias kommen. Was die bekannten Folgen hatte."

„Ach, es tut mir ja leid, mein armer Alter!" Xanthippe wurde plötzlich ganz weich und legte ihm den Arm um die Schultern. „Du bist ja tatsächlich ein Held. Oh, diese Hunde … diese Unholde! Unschuldige zu Schergen zu machen, damit sie mitschuldig werden! In den Hades mit ihnen! Tantalosqualen sollen sie leiden! Hoffentlich geht alles gut und sie tun dir nichts. Jetzt brauche ich auch einen Becher Wein …"

Schon waren die beiden wieder versöhnt. Und natürlich war Sokrates seiner Gattin nicht ernstlich böse gewesen. Er hatte sehr gut verstanden, dass sie aus Liebe und aus Sorge um ihn so gehandelt hatte. Die Klatschmäuler freilich, die beflissenen Verbreiter übler Nachrede hatten das nicht bemerkt oder wollten es nicht bemerkt haben.

Xanthippe ging kurz hinaus, brachte dann eine Amphora und Becher.

„Trinken wir darauf, dass wir es ihnen gezeigt haben!"

„Ist das etwa noch kyprischer?", fragte Sokrates.

„Etwas viel Besseres. Ein Göttergetränk."

„Hoffentlich kein Nektar, der soll recht fad sein." Er steckte die Nase in den Hals der Amphora und schnüffelte. „Thasier? Skioner?"

„Echter Chier!"

„Tatsächlich? Es ist lange her, dass ich welchen getrunken habe."

„Woher hast du denn ein so edles Getränk?", fragte ich.

„Ach, man kriegt doch jetzt wieder alles", sagte Xanthippe. „Der war nicht mal teuer. Die Herren sind tot oder eingesperrt oder geflohen, und die Diener machen sich über die Vorräte her. Das meiste versilbern sie. Wer kann es ihnen verübeln?"

„Und wie wollen wir ihn nun mischen?", fragte Sokrates. „Eins zu drei?"

„Drei Teile Wasser?"

„Dann also zwei."

„Viel zu viel. Und überhaupt: Wasser!"

„Xantha ..."

„Ja, ich weiß, purer Wein ist barbarisch und ungesund. Aber es ist nicht mehr so viel Wasser da, und ich hab keine Lust, zum Brunnen zu gehen. Wenn die Jungen nach Hause kommen, müssen sie sich ja waschen können. Wo mögen sie überhaupt stecken?"

„Sie sind alle drei fischen gegangen", sagte ich. „Mit Lamprokles war ich vorher beim Arbeitseinsatz."

„Steht denn immer noch etwas von den Mauern? Hoffentlich müssen wir Frauen nicht auch noch mal ran. Diese Rohlinge! Das nennen sie spartanische Zucht. Nun, was ist mit dem Wein ohne Wasser? Überredet?"

„Heute gibt es wohl alles pur", scherzte Sokrates.

„Du verträgst es schon. Das Unangenehme hast du ja hinter dir. Jetzt kommt nur noch Angenehmes."

Sie füllte die Becher und wollte trinken.

„Halt!“, sagte Sokrates. „Das Trankopfer!“

„Für die Götter? Du willst denen noch ein Trankopfer spenden? Verdienen sie das, nachdem sie uns so vernachlässigt haben?“

„Seien wir großzügig, Xantha. Verzeihen wir ihnen. Geben wir ihnen noch einmal ihr Teil. Vielleicht ist bei ihnen auf dem Olymp eine Seuche ausgebrochen, eine Götterpest oder so etwas, deshalb waren sie so lange untätig. Stärker wir sie!“

Er goss etwas Wein auf den Boden, und ich folgte seinem Beispiel. Xanthippe neigte den Becher so vorsichtig, dass gerade zwei Tropfen herabfielen.

„Verschwendung“, fand sie. „Vielleicht sind die alle schon tot.“

„Wenn sie tot sind“, sagte Sokrates, „denn halten wir es mit meinem Freund Protagoras. Wir erheben den Menschen zum Maß aller Dinge.“

Wir tranken und lobten den Wein.

Xanthippe leerte den Becher in einem Zug bis zur Neige. Nun war sie aufgekratzt und bekam wieder Lust zu streiten.

„Den Menschen, sagt dieser Protagoras? Damit meint er natürlich den Mann. Wenn der das Maß aller Dinge wird, dann kann es ja nur noch schlimmer kommen. Was werden die Männer noch alles anrichten!“

„Ich bin sicher, sie werden sich bessern“, sagte ich.

„Bessern? Die Männer?“ Sie lachte schrill auf und füllte sich erneut den Becher.

„Jedenfalls hier in Athen. Die Spartaner werden ja bald abziehen. Und dann kann sich Kritias auch nicht mehr halten."

„Und danach? Dann kommt wieder die Demokratie. Viel Auswahl habt ihr ja nicht."

„Immerhin wird sie uns die Freiheit zurückbringen."

„Und das Parteiengezänk … und das ewige Prozessieren … und an jeder Ecke einen Straßenräuber. Und wer regieren will, braucht nur das, was wir auf dem Markt brauchen: eine laute Stimme und falsche Gewichte."

„Ein hartes Urteil", bemerkte Sokrates. „Einäugig, aber scharfsichtig."

„Ich kenne mich aus, mir macht keiner etwas vor", sagte Xanthippe und kippte den zweiten Becher.

Sokrates wollte das aber dann doch nicht so gelten lassen und sprang mir bei: „Zugegeben, es ist schwer vorstellbar. Aber glaube mir, Xantha, was ich dir sage: Eines Tages – und zwar sehr bald – wird es Politiker geben, die weder ehrgeizig noch geldgierig sind."

„Was? Und wo willst du diese wundersamen Wesen hernehmen?"

„Wir werden sie machen."

„Ach, bäckt man die so einfach wie Fladen oder Honigkuchen?"

„Wenn man das richtige Rezept hat …"

Sie lachte und stieß ihn in die Seite.

„Du scheinst es aber nicht zu haben! Alkibiades und Kritias sind dir gründlich misslungen! Als Menschenbildner, mein guter Sokrates, bist du ein ebensolcher Pfuscher wie als Steinmetz. Sieh endlich ein, dass du gescheitert bist und hör damit auf!"

„Aber Xantha, was rätst du mir da?", protestierte

er. „Sägt man den Baum ab, nur weil ein paar Äpfel madig sind?“

„Na, die übrige Ernte ist ja auch nicht sehr üppig.“

„Wart es nur ab! Es sind ein paar junge Leute dabei … Platon, Aristippos, Xenophon … von denen wird man noch hören. Die nächste Generation … die wird uns die ausgezeichneten Männer liefern. Charakterlich einwandfrei, sittlich gefestigt! Diese Männer sind so sauber und rechtschaffen, dass sie nur den Vorteil der anderen erstreben werden – der eigene wird ihnen vollkommen gleichgültig sein. Und um das Regieren wird sich niemand mehr reißen. Soll ich dir etwas verraten? Zwang wird man anwenden müssen, damit sie sich zum Regieren entschließen.“

„Was du nicht sagst! Das kann ich mir lebhaft vorstellen. Wie man die armen Tugendpinsel gefesselt zum Rathaus schleppt. Und wie sie sich schreiend wehren, wenn man ihnen die Diäten in die Hand drücken will!“

„Du nimmst mich nicht ernst.“

„Kann man denn das? So ein Unsinn! Statt sie zu zwingen, sollte man lieber auf sie verzichten. – auf deine ausgezeichneten Männer!“

„Und wer soll regieren?“

„Die etwas vom Regieren verstehen.“

„Und wer ist das?“

„Nun, wer?“

„Ich ahne es.“

„Du ahnst richtig, mein Lieber! Und wenn du ehrlich bist, gibst du mir Recht.“

Xanthippe hatte den dritten Becher getrunken, und

ihrer Beredsamkeit waren wir nicht mehr gewachsen.

„Was heißt denn regieren? Ein Haus verwalten! Ein großes Haus, in dem viele Leute wohnen. Man muss es bewirtschaften … in Ordnung halten … mit dem Geld, das vorhanden ist, sparsam umgehen … Man muss für Essen und Kleidung sorgen. Wer aber kann das alles? Wer hat damit Erfahrung? Ihr Männer vielleicht? Wir Frauen – wer sonst? Wir sind in jeder Beziehung für das Regieren besser geeignet. Wir sind hartnäckig. Was wir wollen, setzen wir durch. Wenn ich Puren trinken will, trinken wir Puren. Ausdauernd sind wir auch. Habt ihr jemals drei Nächte hintereinander gewacht, wenn eines eurer Kinder krank war? Und sind wir Frauen nicht gute Führer? Gibt es auch nur einen einzigen Mann in Athen, der zu Hause etwas zu sagen hat? Aber das Wichtigste überhaupt: Wer schafft die Voraussetzung für das Regieren? Wenn wir Frauen einen Gebärstreik machen, dann steht ihr schön da! Dann könnt ihr euch noch so wichtigtuerisch aufführen … Gesetze beraten, Beschlüsse fassen … dann wird euer Staat bald unregierbar – wegen nicht vorhandenen Bürgernachwuchses! Zugegeben, auch wir haben Schwächen. Wir reden gern … aber nicht so viel dummes Zeug wie ihr auf euern Versammlungen. Mit der Wissenschaft haben wir es auch nicht. Aber wir brauchen auch keine neuen Begriffe, die alten genügen uns. Wir halten nämlich auf Tradition und pflegen die Sitten und Gebräuche. Und einen Krieg anzufangen … darauf kämen wir Frauen auch nicht. Weil wir gegen jede Gewalt sind und …"

„Gegen jede Gewalt?", unterbrach sie Sokrates mit

zweifelnder Miene und fasste sich an den verbundenen Kopf.

Xanthippe sah ihn betroffen an. Der Einwurf brachte sie aus der Fassung. Jetzt konnte ich mich nicht mehr zurückhalten und platzte lauthals heraus. Und im nächsten Augenblick lachten wir alle drei. Lange konnten wir uns nicht beruhigen. Erst als wir von draußen helle Stimmen hörten, verstummten wir.

„Die Kinder!“ Xanthippe machte plötzlich ein besorgtes Gesicht. „Hör mal, Sokrates … du liebst die Wahrheit über alles, das weiß ich. Aber könntest du einmal ein bisschen lügen? Sag ihnen, du seist hingefallen!“

Kapitel 19

Xanthippes Befürchtung, die Häscher der „Dreißig“ könnten Sokrates doch noch holen, bewahrheitete sich glücklicherweise nicht.

Vielleicht hielt Kritias doch noch die schützende Hand über ihn Das wurde jedenfalls von vielen vermutet, deren Angehörige wegen weitaus geringerer Widersetzlichkeit hart bestraft wurden. Der Umstand, dass er jetzt verschont wurde, sollte ihm später allerdings zum Nachteil gereichen.

Wie jeder weiß, hatten die „Dreißig Tyrannen“ nach einem knappen Jahr bereits abgewirtschaftet. Die Demokraten, die nach Argos und Theben geflüchtet waren, sammelten sich und kehrten nach mehreren siegreichen Gefechten in die Stadt zurück. Kritias fiel im Kampf, sein oligarchisches Gefolge wurde umgebracht oder vertrieben. Die Spartaner, selbst kriegsmüde, sahen zu und schlossen mit den Demokraten ein Friedensabkommen. Sie hatten ja trotz allem erreicht, was sie wollten: Athen blieb nach diesem fast dreißigjährigen Krieg geschwächt, und es war wenig wahrscheinlich, dass es sich je wieder vollständig erholen würde.

Allmählich begann sich das Leben zu normalisieren. Bei den meisten Athenern setzte sich endlich die Einsicht durch, dass Schluss sein müsse mit dem wilden Parteienhass, der so viele Opfer gefordert hatte. Es gab einen allgemeinen Straferlass. Alle Kräfte, die noch vorhanden waren, wurden gebraucht, um die Kriegsfolgen zu beseitigen.

Doch leider … zu viele hatten unter den „Dreißig“ gelitten, zu viele hatten vorher die Kriegsabenteuer der Demokraten, insbesondere des Alkibiades, mit dem Blut ihrer Väter, Brüder und Söhne bezahlt. Mitschuldige lebten noch unter uns, genossen ihren ergaunerten Wohlstand, gingen frech über den Markt und waren wie eh und je geschäftig. Das fanden viele unerträglich, zumal gerade solche Leute es waren, die am lautesten die Versöhnung anmahnten. Mancher besann sich nun auf das Faustrecht oder suchte nach einer anderen Möglichkeit, den Straferlass zu umgehen. So wurde einigen dieser Verhassten etwas anderes angehängt, damit sie strafwürdig wurden und doch noch abgeurteilt werden konnten. Die Mittel waren nicht immer sauber, oft wurden neue Verfehlungen erfunden, auch Zeugen gekauft. Oder es wurde gar prozessiert, wenn die eigentlich Schuldigen nicht mehr belangt werden konnten. Dann hielt man sich an deren Angehörige, Freunde oder Parteigänger. Dabei kam es im Übereifer natürlich zu Missgriffen, und Unschuldige mussten für die Verbrechen anderer büßen.

Opfer einer solchen aus vorgeblicher Gerechtigkeitsliebe begangenen schreienden Ungerechtigkeit wurde auch mein Freund Sokrates.

Eines Tages erschien bei ihm ein Bote des Archon Basileus, des für Religionsvergehen zuständigen Staatsbeamten, und brachte ihm eine Vorladung. Angeklagt, hieß es darin, sei Sokrates, weil er die vom Staat anerkannten Götter nicht achte, sondern neue einführen wolle, und weil er die Jugend verderbe.

Man hatte einen – wenn auch höchst durchsichtigen – Vorwand gefunden, dem früheren Freund und Lehrer des Alkibiades und des Kritias den Prozess zu machen. Gleichzeitig war das eine Gelegenheit, mit dem lästigen Mahner und ironischen Ausforscher abzurechnen, der sich so viele zu Gegnern gemacht hatte. Denn ihm drohte nichts weniger als die Todesstrafe.

Sokrates nahm die Klage gelassen hin. Es schien fast, als hätte er irgendwann so etwas erwartet. Er mochte sich nicht einmal dazu äußern, und wann immer einer von uns, seinen Freunden, auf den bevorstehenden Prozess zu sprechen kam, wechselte er rasch das Thema. Er lehnte es auch ab, sich gründlich vorzubereiten.

„Ich habe mich immer vor Unrecht bewahrt", sagte er „Was kann mir also passieren? Außerdem ist mein Dämon dagegen."

Dabei war es nun gerade dieser Dämon, den man ihm vorwarf, die „neue Gottheit", die er angeblich einführen wollte. Den Kleingeistern war es verdächtig, dass da einer auf seine innere Stimme hörte und in sich selbst eine größere Autorität sah als in weit entrückten Göttern und in wechselnden, mehr oder weniger achtbaren Obrigkeiten.

Was Xanthippe betraf, so war sie natürlich alles andere als ruhig und abgeklärt. Allerdings fiel sie nicht über Sokrates her und ersparte ihm Vorwürfe, die nichts mehr fruchten würden. Was half es jetzt, dass sie ihm oft genug vorgeworfen hatte, er werde sich als „Menschenbildner" mehr Feinde als Freunde schaffen! Ihr Zorn richtete sich mehr gegen seine Ankläger, deren Beweggründe sie nur zu gut durchschaute. Anfangs wollte die den Gerber Anytos, den Hauptankläger, sogar aufsuchen und ihn bewegen, die Anschuldigungen zurückzunehmen. Sokrates konnte sie überzeugen, wie sinnlos, ja schädlich ein solcher Schritt wäre. Nun war ihr Bestreben vor allem darauf gerichtet, dass er den Prozess überstand und möglichst ein Freispruch herauskam. Keineswegs billigte sie seine Gleichgültigkeit. Sie fragte mich und andere, ob wir nicht einen geschickten Logographen wüssten, der ihrem Gatten eine kunstvolle Verteidigungsrede ausarbeiten könnte. Das Honorar wolle sie schon irgendwie auftreiben.

Auf diese Idee hatte sie uns jedoch nicht erst bringen müssen. Auch uns war klar, dass wie bei anderen Prozessen der Erfolg von einer wirksamen Rede abhängen würde, die fünfhundert Richter zu beeindrucken vermochte. Sokrates war zwar ein Meister der Gesprächskunst, doch längere zusammenhängende Darlegungen waren nicht seine Sache. Also musste ein Redenschreiber beauftragt werden. Unsere Wahl fiel auf den namhaften Lysias. Der bekannteste unter den Logographen hatte natürlich seinen Preis, doch legten wir zusammen, jeder nach seinen Verhältnissen. Die Begüterten gaben mehr, die mit bescheidenem Einkommen – so wie ich – weniger. Rechtzeitig sechs Tage vor der Verhandlung war die Verteidigungsrede fertig.

Doch wir hätten uns die Ausgabe sparen können. Sokrates wollte die Rede nicht vortragen.

An dem Morgen, nachdem wir ihm die Papyrosrolle

gebracht hatten, hörte ich ihn sehr zeitig aufstehen und wie immer mit lauter Stimme die Sonne begrüßen. Dann rief er nach seiner Frau, doch Xanthippe erschien nicht. Also verzichtete er auf den Rhythmus des Tympanons, das sie ihm manchmal noch schlug, und begleitete sein Morgentänzchen mit einer Melodie, die er dazu brummte, und indem er in die Hände klatschte. Darauf hörte ich ihn mit dem Waschwasser plätschern. Ein Weilchen war es still, und nun nahm er wohl etwas zu sich.

Plötzlich lachte er auf.

Dieses Lachen wiederholte sich in kurzen Abständen, etwa vier-, fünfmal. Natürlich wunderte mich, einen Mann, der in wenigen Tagen auf den Tod angeklagt werden sollte, in so heiterer Morgenstimmung zu erleben. Ich stieg auf die Bank, blickte über die Mauer und sah Sokrates mit der Verteidigungsschrift. Er las darin und amüsierte sich köstlich.

„Chaire, Sokrates!", sagte ich.

Er blickte auf und erwiderte: „Chaire, mein Lieber! Wohl geruht? Ihr habt mir hier etwas Hübsches zu lesen gebracht."

„Es freut mich, dass es dich in so gute Stimmung versetzt. Aber ich hoffe, die Geschworenen fangen nicht auch an zu lachen, wenn du es vorträgst."

„Eben das wäre wohl zu befürchten. Hast du ein wenig Zeit für mich? Dann komm zu mir herüber."

Wie sollte ich jetzt keine Zeit für ihn haben! Ich ließ alles liegen und stehen und ging nach nebenan.

„Wir können uns ruhig unterhalten", sagte er, während er das Tor öffnete und mich einließ. „Die Jungen schlafen sehr fest. Xanthippe ist, glaube ich, zu einer Beerdigung. Sonst wäre sie wohl schon herunter gekommen."

Xanthippe hatte kurz zuvor eine zusätzliche Erwerbsquelle entdeckt. Zwar war sie noch etwas zu jung für ein berufsmäßiges Klageweib, aber es hielt sich kaum jemand an die Bestimmungen. Wenn sie gerufen wurde, ging sie am Abend fort und kam erst am Tage zurück, nachdem man – vor Sonnenaufgang, wie es Brauch ist – den Leichnam auf den Friedhof gebracht und beigesetzt hatte.

„Stell dir vor", sagte Sokrates, während wir Platz nahmen, „du seist Geschworener und ich trüge nun das hier zu meiner Verteidigung vor. Höre also!"

Er entrollte den Papyros, zog eine jammervolle Grimasse und las mit bebender Stimme: „‚Und was bleibt mir jetzt noch zu sagen, Geschworene? Dass ich bereue, aus tiefstem Herzen bereue, und dass ich die Götter und euch, Athener, demütig um Vergebung bitte! Nicht aus bösem Willen tat ich Unrecht, nicht mit Absicht verstieß ich gegen die Gesetze. Ich tat es aus Übereifer und allein in dem Glauben, gerecht zu sein und Gutes zu bewirken. Umso aufrichtiger ist mein Bedauern! Umso fester ist mein Entschluss, von jetzt an alles zu unterlassen, was erneut euern Unmut herausfordern könnte. Die Götter sind gütig – und auch ihr seid es! Habt Erbarmen, Geschworene, und verzeiht mir! Habt Nachsicht mit einem, der sich geirrt hat! Denkt daran, dass ich Familie habe. Eine Frau und drei Söhne, die ihren Vater brauchen. Nehmt auch Rücksicht auf meine Jahre! Seht diesen Schnee auf meinem Haupt …‘ Was? Schnee? Wie kommt denn auf meinen Kahlkopf Schnee? Wo es bei uns so selten schneit! Noch dazu mitten im Frühling!“

Er lachte lauthals, und ich konnte nicht anders und stimmte ein.

Allem Anschein nach war er ein Greis, sein Gesicht war zerknittert, im Munde hatte er kaum noch Zähne und immerhin war sein Bart weiß. Wie gewöhnlich war er auch jetzt barfuß und trug nichts als seinen schäbigen Kittel am Leibe. Doch wenn er eines nicht glaubwürdig darstellen konnte, dann einen armen, Mitleid erregenden Alten.

„Wie fandest du mich? Wie war die Vorstellung?“

„Ich gebe zu, die Rolle liegt dir nicht sehr.“

„Im Theater würde ich niedergeschrien. Und der Dichter wäre entsetzt, weil ich aus seiner Tragödie eine Komödie gemacht hätte.“

„Ja, es dürfte dir schwer fallen, diese Rede glaubwürdig vorzutragen.“

„Sie ist wertlos, ich kann sie nicht brauchen. Weg damit!“ Er schleuderte den Papyros von sich. „Ich hoffe, ihr habt nichts dafür bezahlt.“

„Es ist unerheblich“, sagte ich ausweichend.

„Gebt sie dem Lysias zurück, vielleicht kann er sie für einen anderen verwenden. Ich war ja selber oft Geschworener, hab manchen Angeklagten erlebt. Jeder Zweite ist so ein Jammerlappen, der nur rühren, nicht überzeugen will.“

„Und du willst die Geschworenen überzeugen?“

„Ich will nicht. Ich werde!“

„Doch wie! Viele werden dir nicht wohlgesinnt

sein.“

„Ich werde es schon schaffen, sie zu überzeugen. Nicht mit einer Rede. Weder mit der da noch einer anderen. Ich werde mit ihnen ein Gespräch führen, nach meiner Art, wie ich es gewöhnt bin.“

„Ein Gespräch mit fünfhundert Männern?“

„Warum nicht? Ich stelle mich einfach vor sie hin und blicke aufmerksam in ihre Gesichter … so wie in deines jetzt, so wie immer. Und dann fange ich an und sage ihnen: Ich freue mich, dass ihr so viele seid, die sich heute mit mir unterhalten wollen. Ein interessantes Problem ist zur Sprache gekommen. Anytos und andere haben gerade behauptet, dass Sokrates gottlos sei und die Jugend verderbe. Nun, untersuchen wir, ob sie Recht haben. Prüfen wir gründlich, was dahinter steckt! Ihr wisst ja, für lange Ausführungen bin ich nicht, doch hört zunächst eine kleine Geschichte. Mancher kennt sie schon, aber das macht nichts. Es schadet nicht, sie noch einmal zu hören. Also … erinnert euch mal an Chairephon. Der war mein Freund, leider ist er schon tot. Einmal befand er sich auf Reisen, und dabei kam er auch nach Delphi. Eigentlich wollte er nur die Tempel und Kunstwerke bewundern. Aber weil er schon einmal dort war, konnte er sich nicht verkneifen, dem berühmten Orakel eine Frage zu stellen. Er fragte – bitte nehmt ihm das nicht nachträglich übel – er fragte also: ‚Ist jemand weiser als Sokrates?‘

Und das Orakel gab die Antwort: ‚Nein, niemand ist weiser! Sokrates aus Athen ist von allen der Weiseste.‘

Seht ihr, da lachen jetzt viele von euch. Ich gestehe,

da habe ich selbst gelacht. Was? Ich – der Weiseste? Das muss ein Irrtum sein. Andererseits … wie kann ein Gott sich irren? Apollon selber spricht durch das Orakel."

Sokrates hatte sich erhoben, spazierte vor mir auf und ab, hatte mich aber fast vergessen, denn mit Blicken und Gesten schien er sich an eine unsichtbare Menge zu wenden.

„Nun hört weiter, Geschworene! Ich überlegte hin und her, hatte sogar schlaflose Nächte. Wo war die Lösung des Rätsels? Schließlich fiel mir nichts Besseres ein als das zu tun, was ich immer tue. Ich ging unter Leute und unterhielt mich mit ihnen. Ich dachte, so viele Berühmtheiten laufen herum … da wirst du ganz leicht jemanden finden, der weiser ist. Als Ersten prüfte ich einen bekannten Politiker … die halten sich ja selbst für die Weisesten. Welche Enttäuschung! Gewiss, er hatte auch ein paar Kenntnisse, aber seine Urteile, zu diesen Kenntnissen ins Verhältnis gesetzt … eine einzige Maßlosigkeit! Ist ein solcher Mensch weise? Dann unterhielt ich mich mit Künstlern, Ärzten und Wissenschaftlern … immer dasselbe. Der eine kann einen dramatischen Chor einstudieren, der andere weiß, wie man die Knoten im Darm ausbrennt, der Dritte hat die Sterne gezählt … Sie alle sind intelligent, geschickt, begabt. Aber weise? Ist nicht jeder von ihnen wie wahnsinnig hinter dem Geld her? Ist er nicht vom Ehrgeiz zerfressen? Vom Neid geplagt, wenn andere mehr Erfolg als er selbst haben? Bläst er sich nicht auf wie ein Frosch, um zu allem und jedem seine Meinung herauszuquaken? Und ist er nicht fest davon überzeugt, dass es nur einen vollkommenen Menschen gibt … ihn? Seht ihr, Geschworene, da begriff ich! Im Vergleich zu so einem bin ich der Weisere. Wir wissen zwar beide nichts Rechtes über den Lauf der Welt, er nicht und ich nicht. Aber er bildet sich ein zu wissen – ich tue das nicht. Also bin ich ein klein wenig weiser als er. Und da alle wie er sind, bin ich der Weiseste!"

Sokrates, nun in seinem Element, erinnerte sich wieder seines einzigen Zuhörers. Er neigte sich zu mir hin, hob den Finger und blickte mir durchdringend in die Augen.

„Nun, mein verehrter Herr Geschworener … das Schlimmste an der Unwissenheit ist ihre Zufriedenheit mit sich selbst. Wenn ich jemanden befragen wollte, wurde er misstrauisch. Wenn ich ihm nachwies, dass er nicht weise sei, war er beleidigt. Statt auf sich selber böse zu sein, war er wütend auf mich. Und von dem, was ich wollte, geschah das Gegenteil. Ich wollte Freunde gewinnen – und sammelte Feinde. Und die behaupten nun, dass ich ein gottloser Kerl und eine Gefahr für die Jugend sei. Warum? Weil ich die jungen Leute lehre, nicht alles zu glauben, was ihnen von diesen selbst ernannten Autoritäten gesagt wird und ihren eigenen Verstand zu gebrauchen? Weil ich sie lehre … Xantha!"

Xanthippe war, von uns unbemerkt, durch das offen gebliebene Tor hereingekommen. Nachlässig hatte sie ein dunkles Tuch über Kopf und Schulter geworfen. Ihr Gesicht war grau, und infolge der Übermüdung schien sie doppelt schwer an ihrem Korb zu tragen.

Erschöpft ließ sie sich auf der Bank nieder.

„Auch vor Gericht willst du also Feinde sammeln", sagte sie mit dunkler, klangloser Stimme.

„Da bist du ja, Xantha", sagte Sokrates. „Ich habe nun doch ein wenig geübt. Simon stellt die Geschworenen dar, die ich überzeugen werde …"

„Wovon? Dass sie auch nichts wissen und sich nur etwas einbilden? Damit wirst du schön ankommen. Was werden sie machen … mit einem so überheblichen Narren?"

„Sie werden mich freisprechen."

Xanthippe verzog das Gesicht und warf mir einen vielsagenden Blick zu.

„Schweig lieber und iss", sagte sie. „Da ist etwas kaltes Huhn im Korb."

„Später", erwiderte er. „Ich habe schon etwas zu mir genommen. Du bist heute zeitig zu Hause, Xantha. Gewöhnlich bleibst du doch bis zum Ende des Totenmahls."

„Gewöhnlich. Ich wollte auch heute bleiben. Aber man hat mich hinausgeworfen."

„Wie? Hinausgeworfen?", fragte ich ungläubig. „Sie haben dich …"

„Ja." Mit einem Seufzer streifte sie das Tuch ab. „Es ist schade, die Kundschaft bin ich los. Eine große Familie, alle paar Monate ging einer ab. Bezahlt wurde auch nicht schlecht."

Sokrates fand das eher belustigend.

„Waren sie nicht mit dir zufrieden? Hast du nicht laut genug geklagt?"

„Die Seele habe ich mir aus dem Halse geschrien.

Hörst du nicht, wie heiser ich bin?“

„Aber warum dann …“

„Warum? Weil es Ärger gab.“

„Ärger?“

„Mit einem der Trauergäste. Einem Verwandten des Toten. Einem gewissen Anytos.“

„Doch nicht etwa …?“

„Ja, ebendem. Deinem Ankläger. Diesem stinkenden Gerber! Diesem elenden Scheusal!“

„Hast du dich etwa mit ihm angelegt?“

„Vielleicht war es nicht richtig. Aber ich konnte nicht anders.“

„Wie? Auf dem Friedhof …“

„Nein. Dort hatte ich ihn gar nicht bemerkt, es war ja noch Nacht. Erst als wir zurückkehrten und die Sonne aufging … da sah ich den schändlichen Kerl.“

„Ich bitte dich, sprich nicht so von ihm. Er ist zwar mein Gegner, dennoch verdient er Achtung. Außerdem ist er eine Amtsperson.“

„Was mich das alles schert!“, knurrte sie.

„Und wie kam es nun zu dem Ärgernis?“, fragte ich.

„Später, beim Mahl“, sagte sie, „würdigten alle noch einmal den Toten, wie es ja Brauch ist. Da fing Anytos ebenfalls an. Was für ein edler Mensch das war. Wie selbstlos er für den Staat gewirkt habe. Und dass man nach all den Katastrophen den Verlust so wertvoller Bürger kaum noch verkraften könne. Das hielt ich nicht aus, das konnte ich nicht mehr mit anhören. Aus der Ecke, wo wir Frauen saßen, rief ich: ‚Und warum, Anytos, willst du dann meinen Sokrates umbringen?‘“

„Umbringen?“, warf Sokrates ein. „‚Umbringen‘ hast du gesagt? Aber Xantha! Sie wollen mich höchstens mundtot machen!“

„Sie werden die Todesstrafe beantragen, das weißt du! Tot ist eben noch besser als mundtot.“

„Es ist eine Drohung, nichts weiter. Sie wollen mir zeigen, wie ernst sie es meinen. Deshalb musstest du ihn nicht angreifen.“

Der Gedanke an das, was sie gerade erlebt hatte, machte Xanthippe wieder munter. Ihre schwarzen Augen bekamen Glanz. Sie hob die Hände, die vorher schwer im Schoß geruht hatten, und fuchtelte heftig.

„Dem hab ich es gegeben, diesem Heuchler! Ich habe gesagt: ‚Ihr wollt doch gar keine wertvollen Bürger! Wenn einer versucht, die Menschen besser zu machen, stellt ihr ihn vor Gericht! So einer ist gemeingefährlich, der verdirbt ja die Jugend! Der erzieht sie ja nicht zu Dieben und Gaunern – solchen wie euch!‘“

„Xantha! Das hast du wirklich gesagt?“

„Das muss ihn ja tüchtig getroffen haben“, sagte ich ebenso erschrocken wie anerkennend.

„Ich war so außer mir“, fuhr Xanthippe fort, „dass ich selbst nicht mehr weiß, was ich ihm alles an den Kopf geworfen habe. Dass sie nur einen Schuldigen suchen – für die Taten des Alkibiades und des Kritias. Als könntest du etwas dafür, dass der eine ein Verräter, der andere ein Bluthund war. Dann habe ich den Anytos gefragt, wie viele er kennt, die unter den ‚Dreißig‘ Befehle verweigert und öffentlich kritische Fragen gestellt haben. Und ob er nicht wisse, dass wir nur deshalb wieder Demokratie haben, weil es solche wie dich gibt. ‚Aber ein Sokrates ist euch ja lästig!‘, rief ich, ‚den früheren wie den jetzigen Herren! Weil ihr Angst vor ihm habt! Weil euer Gewissen ein lahmer Gaul ist, der den Sporn fürchtet!‘“

„Das ist gut!“, rief Sokrates. „Das ist sehr gut! Und er? Anytos?“

„Brüllte: ‚Schafft doch das Weib hinaus! Was versteht die denn schon? Das geht sie nichts an!‘

‚Wenn ihr euch an meinem Alten vergreift, das soll mich nichts angehen?‘, schrie ich zurück. Dieser Schuft! Dieses Ekel! Das Gesicht hätte ich ihm zerkratzt, wenn mich nicht zwei Knechte gepackt und fortgeschleppt hätten. Kassia, die Hausfrau, keifte hinter mir her: ‚Lass dich hier ja nicht wieder blicken!‘ So stand ich draußen, auf der Straße. Und da musste ich noch eine Weile Krach schlagen, damit sie mir meinen Korb und das Geld herausgab. Hoffentlich hat sie mich nicht betrogen. Ich habe noch gar nicht nachgezählt.“

Sie suchte auf dem Boden des Korbes, brachte ein paar kleine Münzen zum Vorschein und zählte sie.

Sokrates stand derweil auf und ging mit heiterer, stolzer Miene umher.

„Meine Xanthippe! Der Fleisch gewordene Widerspruch! Unbeherrscht und trotzdem vernünftig. Euer Gewissen – ein lahmer Gaul, der den Sporn fürchtet. Ausgezeichnet! Das kann ich brauchen. Findest du nicht auch, Simon?“

„Du meinst, für deine Verteidigung?“

„Das wird der Kerngedanke meiner Antwort. Du hast ihn mir eingegeben, Xantha!“

„Ich habe es geahnt“, murmelte Xanthippe. „Das geizige Weib hat mich um zwei Obolen beschissen.“

„Man könnte es auch so formulieren: ‚Ein müder Gaul braucht einen Sporn wie euer schlummerndes Gewissen den Sokrates.‘ Oder etwas gehobener? ‚Athen ist ein edles, doch träges Pferd, das einen Sporn von der Art des Sokrates braucht.‘ Vielleicht in Versen? ‚Gleich trägen Pferden ohne Sporen ist Athen ohne Sokrates verloren.‘ Nein, vom Dichten verstehe ich nichts. Wie ist es damit: ‚Athen ohne Sokrates ist wie ein träges Pferd ohne Sporn.‘ Sehr gut. Das ist es. Klar und einprägsam. ‚Merkt es euch, meine Herren Geschworenen! Seid gewarnt, bevor ihr euch selber schadet! Ein Fehlurteil werdet ihr bitter bereuen. Athen ohne Sokrates ist wie ein träges Pferd ohne Sporn!“

Xanthippe stand auf, um ins Haus zu gehen. Ihre kämpferische Stimmung war abgeflaut. Jetzt war sie nur noch müde und missmutig.

„Hör endlich auf mit dem dummen Zeug“, wies sie ihn zurecht. „Bereite dich lieber anständig vor. ‚Pferd ohne Sporn‘ – das ist doch Unsinn.“

„Aber das hast du selbst herausgefunden.“

„Ich?“

„Hast du nicht zu Anytos gesagt …?“

„Ich war wütend und hab jetzt den Schaden davon. Es tut mir schon leid.‘

„Du warst wunderbar, Xantha!“

„Vor den Geschworenen muss man ganz anders reden. Man muss Demut und Reue zeigen, das weißt du genau. Wozu haben dir deine Freunde die Rede aufsetzen lassen … von diesem berühmten Logographen, dem Lysias? Wo hast du sie überhaupt?"

„Irgendwo muss sie hier herumliegen."

Xanthippe entdeckte die Rolle und hob sie auf.

„So gehst du mit einer wertvollen Schrift um? Weißt du, was sie gekostet hat?"

„Keinen Obolus ist sie wert."

„Sag es ihm, Simon!"

„Wozu denn?", wehrte ich ab. „Sie ist in der Tat nicht gelungen. Sie wird Sokrates nicht gerecht."

„Lies sie nur, Xantha", sagte er. „Du wirst dich dann unserer Meinung anschließen."

„Ich soll lesen?"

„Hab ich es dir nicht beigebracht?"

„Was du mir schon beigebracht hast! Drei Kinder hast du mir beigebracht, ehe wir einmal durchs Alphabet gekommen waren. Und mir fallen auch gleich die Augen zu."

„Soll ich dir vorlesen?"

„Wozu denn? Lies es für dich und lerne es auswendig, damit du es ordentlich vortragen kannst. Was ich in der Sache zu tun habe, weiß ich schon."

„Wie meinst du das, Xantha? Was hast denn du in der Sache zu tun?"

„Vor Gericht? Was ich da zu tun habe? Denkst du, ich weiß nicht, was sich gehört?'

„Was denn?", fragte er beunruhigt.

„Fragen stellst du! Um Gnade flehen. Mir die Brust schlagen. Die Kleider zerreißen. Die Haare zerraufen."

„Bei Zeus! Nur das nicht!", rief Sokrates.

„Was heißt das? Willst du vielleicht kein Mitleid

erregen?"
„Nein!"
„Nein?"
„Ich will Gerechtigkeit. Nichts weiter."
„Gerechtigkeit wirst du schon bekommen. Aber vorher müssen Tränen fließen."
„Nicht nötig!"
„Und die Kinder? Was ist mit denen? Sollen die etwa nicht auf die Knie sinken und für dich bitten?"
„Auf keinen Fall! Ihr kommt nicht mit zur Verhandlung. Ihr bleibt hier!"
„Nun hör dir das an, Simon", sagte sie aufgebracht. „Aber das werden wir ja sehen! Das werde ich mir nicht nachsagen lassen. Mein Alter steht vor Gericht auf Leben und Tod … und ich soll hier stumm zu Hause hocken? Ihm nicht beistehen? Ihm nicht helfen?"
„So begreif doch", sagte Sokrates, nun schon fast unwirsch. „Was hab ich mein Leben lang gelehrt? Tapferkeit, Selbstbeherrschung, Besonnenheit! Und da soll ich, wenn es denn einmal brenzlig wird, kleinmütig werden und mich auf dein Jammergeschrei verlassen? Müssten sie mich da nicht gerade für einen halten, der seiner Unschuld nicht sicher ist, und mich verurteilen?"
Er setzte sich wieder auf die Bank, verschränkte die Arme und schwieg.
Sie ließ sich abermals an seiner Seite nieder und blickte ihn düster und traurig an.
„Wenn du es denn nicht willst", sagte sie, „werde ich mich fügen. Wer sein Unglück herausfordert, ist nicht zu retten." Plötzlich traten ihr Tränen in die

Augen. „Und dann bist du auf einmal da unten und weißt gar nicht, wie dir geschieht."

„Du meinst, in der Unterwelt, bei Pluton?" Sokrates legte lächelnd den Arm um sie. „Vielleicht ist es da gar nicht so übel. Vielleicht ist es sogar recht angenehm. Zwar wird mir die Sonne fehlen … auch du wirst mir fehlen …"

„Manchmal glaube ich, dass es dir gar nichts ausmachen würde", sagte Xanthippe, während ihr eine Träne über die Wange lief. „Alle haben Angst vor dem Tod …"

„Was nur beweist, dass sie nicht weise sind. Sie wissen nichts und behaupten etwas. Sie erklären den Tod für das schlimmste Unheil, und dabei ist er vielleicht eine Wohltat."

„Wie kann er denn eine Wohltat sein?"

„Vielleicht ist er eine Reise. So eine Art Erholungsreise, zur Entspannung, verstehst du, nach den Mühen des Lebens. Besonders angenehm ist, dass nur das Beste von dir auf die Reise geht … deine Seele. Der Körper, der nicht mehr viel taugt, der alt, kränklich und verbraucht ist … der bleibt da, wird nicht mitgeschleppt. Unnützer Ballast! So fühlst du dich leicht und wunderbar frei. Du bist nur noch Geist, und was deinen Geist vergnügt, kann er haben. Er kann Ideen entwickeln, Probleme wälzen, wird niemals müde, hat immer Zeit, und wenn er andere Geister trifft, kann er Gespräche führen … endlose, lehrreiche, tiefe Gespräche über den Sinn des Seins und des Nichtseins …"

„Ja, glaubst du denn", sagte Xanthippe, immer heftiger schluchzend, „du findest dort auch einen Markt und Hallen, wo du herumlungern kannst und Leute ansprechen?“

„Warum nicht? Aber was für Leute, Xantha! Nicht irgendeinen Lykon oder Eubulos oder Battos. Dort, hinter der Säule, tritt Solon hervor, an seiner Seite Lykurg … Homer unterhält sich mit Hesiod … Pythagoras streitet mit Anaximander … Da sind auch Empedokles, Heraklit, Xenophanes, Aischylos, Simonides, Pindar, Kleisthenes, Miltiades, Themistokles, Perikles, Protagoras, Herodot, Sophokles, mein guter, alter Euripides …“

Erst jetzt bemerkte er, dass sie in Tränen schwamm.

„Aber Xantha“, sagte er mit mildem Vorwurf.

Kapitel 20

Wie es mit Sokrates ausging, ist jedem bekannt. Viele erinnern sich noch daran, wie aufrecht und unbeugsam er sich vor dem Gericht auf dem Areopag verteidigte. Ich war als Zuhörer anwesend und fühlte mich ständig hin- und hergerissen zwischen der Bewunderung für diesen großen Mann und der Betrübnis darüber, wie wenig er tat, um sein Verderben abzuwenden. Indem er den Geschworenen vorhielt, dass sie mit seiner Verurteilung nicht ihm, sondern sich selber schaden würden, indem sie sich der Stimme ihres Gewissens beraubten, reizte er ihren Unmut. Als er, wie es Vorschrift ist, vom Archon Basileus aufgefordert wurde, dem Strafantrag der Ankläger einen eigenen Antrag entgegenzustellen, verlangte er als Wohltäter der Stadt die Speisung im Prytaneion. Das empfanden die meisten als Hybris und brachte viele gegen ihn auf, die noch vor Beginn der Verhandlung beabsichtigt hatten, ihn freizusprechen. Am Ende hielt ihn die Mehrzahl für schuldig und verurteilte ihn zum Tode.

Er nahm es so gelassen hin wie schon die erste Mitteilung von der Anklage. In seinem Schlusswort sagte er: „ Um einer kurzen Frist willen, Männer von Athen, werden euch diejenigen, die unserer Stadt gern etwas anhängen, nun vorwerfen können, dass ihr den Sokrates umgebracht habt. Siebzig Jahre alt bin ich, weit vorgeschritten auf der Bahn meines Lebens, dem Grabe schon nahe. Hättet ihr noch ein wenig gewartet, wäre die Natur euren Wünschen zuvorgekommen.

Doch ihr habt es eilig, euern Wohltäter loszuwerden. So ist es nun Zeit für uns zu gehen: für mich, um zu sterben, für euch, um zu leben. Nur ein Gott kann wissen, wer von uns das bessere Los hat!"

Sie brachten ihn gleich ins Gefängnis, aber die Hinrichtung wurde noch aufgeschoben. Zufällig reiste am Tage seiner Verurteilung eine Festgesandtschaft nach Delos, zu den Feierlichkeiten zu Ehren Apollons. Das Gesetz schreibt vor, dass während der heiligen Tage in Athen keine Hinrichtungen stattfinden dürfen. So blieb Sokrates noch etwa ein Monat, bis zur Rückkehr der Gesandtschaft, zu leben.

Xanthippe besuchte ihn täglich, und ich begleitete sie des Öfteren. Sie brachte ihm Wein und etwas zu essen und saß dann eine Zeit lang bei ihm. Sie sprachen nun kaum noch miteinander. Die beiden, die so viele Wortgefechte ausgetragen hatten, wussten sich nichts mehr mitzuteilen, es war wohl alles gesagt. Manchmal nahm einer die Hand des anderen und drückte sie, und was sie dabei empfanden, war ohnehin wohl schwer in Worte zu fassen. Wenn seine Söhne mitgekommen waren, beschäftigte sich Sokrates mit ihnen und gab ihnen Ratschläge für die Zukunft. Mit mir dagegen tauschte er gern Erinnerungen, vornehmlich heitere, und manchmal brachen wir, so seltsam das anmuten mag, an dem schaurigen Ort, wo er sein Ende erwartete, in lautes Gelächter aus. An Besuch mangelte es ihm nicht, auch seine anderen Freunde kamen häufig. Er führte lange Gespräche mit ihnen, bis zum Schluss scharfsinnig, aufgeschlossen und klar.

Als die Festgesandtschaft von Delos zurückkehrte,

wurde der folgende Tag für die Vollstreckung des Urteils festgesetzt. Zum letzten Mal umarmte ich meinen Freund, brachte es aber nicht fertig, der Hinrichtung beizuwohnen. Xanthippe wollte bei ihm bleiben, doch das duldete er nicht. Sie bestand nicht auf ihrem Willen und ließ sich von dem Gefängnisdiener hinausführen. Wir warteten bis zum Abend vor dem Tor des Kerkers. Dann kamen die wenigen Freunde heraus, die die Kraft aufgebracht hatten, bis zuletzt bei ihm auszuharren. Sie berichteten, dass er den Schierling getrunken hatte, ohne die Miene zu verziehen, so als hätte man ihm einen Becher Wein gereicht.

Eine Weile, hörten wir, sei er noch auf und ab gegangen und habe mit ihnen geredet. Dann aber habe er sich hingelegt, und die von dem Gift erzeugte Kälte sei von unten an seinem Körper herauf gekrochen und habe ihn schließlich, als sie das Herz erreichte, getötet. Der Tod sei ohne Schrecken gekommen, nur ein paar Zuckungen hätten ihn angezeigt.

Obwohl diese Nachricht beinahe tröstlich war, schrie Xanthippe auf, und ihre Klagen gingen noch einmal in heftige Beschuldigungen und Verwünschungen über – gegen die Mörder ihres Gatten und gegen das undankbare Athen. Wir brachten sie fort und geleiteten sie und ihre Söhne nach Hause. Die drei Jungen benahmen sich mannhaft und gaben sich Mühe, ihren Schmerz zu verbergen.

***

Nachdem Sokrates begraben war, ging Xanthippe

wieder ihren gewohnten Verrichtungen nach. Sie bestellte den Weinberg und den kleinen Acker in Gudi, erntete im Garten hinter dem Haus Gemüse, schob ihren Karren zum Markt in Athen. Weiterhin ging sie auch zur Totenklage in Trauerhäuser.

Seltsamerweise schien es aber, als sei mit Sokrates' Verschwinden auch in ihr etwas zu Grunde gegangen und verstummt. Der Schrei und die Flüche, bei der Nachricht von seinem Ende ausgestoßen, waren die letzten heftigen, leidenschaftlichen Äußerungen gewesen, die mir von ihr zu Ohren gekommen waren. Gewöhnlich war sie nun – wenn sie nicht gerade ihre Ware anpries oder einen Verstorbenen beklagte – wortkarg, mürrisch und in sich gekehrt. Auch mit ihren Söhnen und uns Nachbarn sprach sie nur wenig. Meist blieb sie für sich, doch der Eindruck täuschte, als brütete sie nur dumpf vor sich hin. Manchen Abend saß sie auf der Bank unter dem Olivenbaum, trank Becher um Becher, starrte anscheinend geistesabwesend ins Leere – plötzlich aber sagte sie etwas, ein Wort oder einen Satz, so als antwortete sie jemandem, der zu ihr gesprochen hatte. In solchen Augenblicken war *er* wohl immer noch da, und Xanthippe unterhielt sich mit ihm, sagte ihm, was sie ihm noch zu sagen hatte.

Sie mochte jetzt schon über fünfzig Jahre alt sein, sie hinkte ein wenig und krümmte die Schultern. Wahrscheinlich plagten sie Krankheiten, ihre Trunksucht brachte sie merklich herunter. Dennoch bewahrte ihr Gesicht Spuren ihrer früheren Schönheit, und noch immer konnte man einen Schreck bekommen, wurde man plötzlich von einem Blick ihrer schwarzen Augen getroffen. Diese Blicke waren jetzt meistens finster, misstrauisch und – wie einige fanden – boshaft. Wer Xanthippe nicht kannte, wich ihnen aus und machte um die sonderbare Frau einen Bogen.

Es war wohl diese Veränderung, die mir den Mut nahm. Ich war ja Witwer und sie war Witwe, und ich gestehe, dass ich schon während der Zeit, als Sokrates noch auf seine Hinrichtung wartete, die Möglichkeit erwogen hatte, wir könnten unsere Verluste gemeinsam tragen. Als aber dann so viel Zeit vergangen war, dass man darüber sprechen konnte, bekam ich den Mund nicht auf. Ich spürte auch von ihrer Seite nicht die geringste Ermutigung. Da ihre Söhne erwachsen wurden, war meine Hilfe in ihrem Haus und in ihrer Wirtschaft bald nicht mehr nötig. So kam es, dass wir uns immer seltener sahen und kaum noch miteinander redeten. Nach zwei Jahren waren wir uns fast fremd geworden.

Irgendwann tauchte ein Mann aus Megara auf, der ihr die Nachricht brachte, ihr Vater sei dort im hohen Alter gestorben und habe ein kleines Anwesen und eine Schafherde hinterlassen. Mit diesem Mann ging sie fort. Sie hatte wohl den Athenern niemals verziehen und war froh, diese Stadt, die sie hasste, verlassen zu können. Ihren jüngsten Sohn, den Menexenos, nahm sie mit, die beiden anderen blieben zurück. Lamprokles, der Älteste, lebte zu diesem Zeitpunkt bereits im Peiraieus, wo er als Zimmermann in einer Werft arbeitete. Sophroniskos, der Zweite, der Töpfer geworden war, verkaufte schließlich das Haus und zog in den Stadtteil Kerameikos, wo er die Tochter seines Meisters heiratete. Ich sehe ihn manchmal, er ist äußerlich seinem Vater sehr ähnlich.

Vor kurzem sprach ich ihn einmal an und fragte ihn nach seiner Mutter. Er sagte, sie lebe nicht mehr in Megara, sondern mit seinem jüngeren Bruder und dessen Familie in einem Bergnest im Kithairon. Doch lange habe er nichts mehr von ihr gehört.

Das ist alles, was ich zum Schluss von ihr mitteilen kann. Vielleicht ist sie auch schon gestorben. Bei uns in Athen spricht man noch oft von ihr, leider sagt ihr kaum jemand Gutes nach. Je heller der Nachruhm des Sokrates strahlt, desto trüber und dunkler wird das Bild der Xanthippe.

Wie ungerecht!

Vielleicht aber können diese Erinnerungen doch noch etwas Licht auf sie werfen. So viel jedenfalls, wie sie verdient.

Glossar

Aisopos (dt. Äsop)
Fabeldichter (6. Jahrhundert vor unserer Zeitrechnung)

Anakreon
Lyriker (6. Jahrhundert vor unserer Zeitrechnung)

Aphrodite
Göttin der Liebe und Schönheit

Epheben
junge Männer ab 18 Jahre

Euripides
Tragödiendichter (um 485/80–405 vor unserer Zeitrechnung)

Gymnasion
von *gymnos* – nackt, Anlage für Körpererziehung

Hades
Unterwelt, Totenreich

Kroisos (dt. Krösus)
König von Lydien, berühmt für seinen Reichtum

Megaron
hier: einfaches Wohngemach

Metöke
Gastbürger mit eingeschränkten Rechten

Moiren
Schicksalsgottheiten
Nikiasfrieden
nach dem Feldherrn Nikias benannte kurze Friedenszeit im Peloponnesischen Krieg (421 vor unserer Zeitrechnung)

Opanken
sandalenartige Schuhe

Palaistra (dt. Palästra)
Ring- und Fechtschule

Parthenon
Tempel der Athene auf der Akropolis

Peloponnesischer Krieg
mit Unterbrechungen geführter Krieg zwischen Athen und Sparta, 431 bis 404 vor unserer Zeitrechnung

Perikles
Staatsmann Athens (um 495–429 vor unserer Zeitrechnung)

Pheidias
bedeutendster Bildhauer der griechischen Klassik (5. Jahrhundert vor unserer Zeitrechnung)

Pindar
Chorlyriker (6./5. Jahrhundert vor unserer Zeitrechnung)

Platon
Philosoph, Schüler des Sokrates (427–347 vor unserer Zeitrechnung)

Pnyx
Hügel in Athen, Tagungsort der Volksversammlungen

Polis
altgriechischer Stadtstaat

Priapos
Gott der Fruchtbarkeit

Prytaneion
Gemeindehaus, Amtssitz der Ratsherren (Prytanen)

Psykter
Kühlgefäß

Satrapen
Statthalter im altpersischen Reich

Sophisten
„Weisheitslehrer", reisende Gelehrte

Stadion/Stadionlauf
Längenmaß (600 Fuß, als olympisches Stadion 192 m; der Wettkampf über diese Strecke

Tantalos
ein Sohn des Zeus, der wegen seiner Vergehen gegen die Götter ewige Strafen erleidet (Tantalosqualen)

Thesmophorien
Herbstfest zu Ehren der Göttin des Ackerbaus, Demeter

Tympanon
Rahmentrommel, Handpauke

Xenophon
Historiker und Schriftsteller (um 430–354 vor unserer Zeitrechnung), schrieb u. a. „Erinnerungen an Sokrates“